우울할 때 나는 내가 아니야

반쯤 포기했던 나를 되찾은, 스물 다섯의 우울증 극복법

유소원

따돌림, 범죄 피해, 3번의 대입 실패 등으로 인한 극심한 우울증으로 7년 동안 죽고만 싶어 했다. 지금은 이를 극복하고 태어난 것에 감사하며 하루하루를 소중하게 보내고 있는 25살의 평범하지만 특별한 사람이다. 지금 어디선가 지쳐 울고 있는 모든 사람이 활력있는 삶의 기적을 알았으면 하는 마음에 책을 쓰기로 결심했다.

인스타그램 : @yousowon

우울할 때 나는 내가 아니야

프롤로그

나는 지금 '만족스러운' 삶을 살고 있다. 뭐 하나 특별한 건 없지만, 내게 주어진 것들에 감사하며 하루하루 생기있는 삶을 살아가는 중이다.

우울증에 빠져있을 때는 큰 착각을 하고 살았다. 그것은 바로 '외부 조건'이 충족되어야 비로소 행복해질 수 있을 것이라는 잘못된 믿음이었다. 돈이 많으면 우울증에서 벗어나 행복해질 거라고, 명문대에 합격하면, 지금 보다 더 예뻐지면, 이 거지 같은 상황만 벗어나면 행복해질 거라고.

그렇게 나는 내가 현재 갖지 못한 것들이 충족되는 것을 내 행복의 기준으로 세우고, 그 조건을 갖추지 못한 지금의 나는 우울하든 말든 방치해 두었다.

내가 들여다봐야 할 곳은 바로 나의 '내면'이었다. 나는 그 사실을 모른 채 아픔을 지니고 살아왔고, 깨닫기까지는 꽤 나 오랜 시간이 걸렸다. 이걸 몰랐을 때는 굉장히 고통스럽게 하루하루를 보냈다. 아침에 눈이 떠지지 않았으면 좋겠다는 잘못된 바람을 할 정도였으니 말이다. 그런 악몽 같은 시간을 이겨내고 다른 이들은 하루빨리 편해졌으면 하는 마음으로 이 글을 쓴다.

이 책에는 내가 어떻게 우울증을 앓았는지, 또 어떻게 그 것을 극복했는지와 우울증을 겪고 있는 사람들에게 들려주고 싶은 말들을 진솔하게, 그리고 아낌없이 담았다. 짧은 글이라도 진심으로 책을 읽고 받아들인다면, 우울증 극복에 분명한 도움이 될 것이다.

행복이라는 것은 그리 대단한 것도, 어려운 것도 아니다. 어떤 상황에 처해있든, 돈을 얼마를 가지고 있든, 외모가 어떻든 지금의 나를 '긍정하는 삶'이 곧 행복이다. 과거가 어떻든, 또 미래가 어떻든 지금을 즐겁게 살아낼 수 있는 사람이 바로 '행복한 사람'이다. 잠깐의 순간에도, 사소한 것에도 행복함을 느낄 줄 안다면 행복한 삶을 사는 것이다.

돌이켜보면, 우울증을 앓는 것이 오래 걸렸지 극복하는 데는 오래 걸리지 않았다. 그러니 독자들 또한 우울증을 극복해서 자신만의 삶을 충실하게 살 수 있는 건강한 마음으로 돌아왔으면 한다. 우리는 본래 우울한 사람이 아니다. 나도 어린 시절 삶이 힘들다는 생각은 전혀 하지 않고, 매일 사람들과 노는 것을 온전히 즐겼던 기억이 있다. 커가면서 많은 상처가 누적되다 보니 우울증에 걸린 것뿐이다. 그러니 자신을 '우울한 사람'으로 정의하지 않아야 한다. 단지 지금 우울증이라는 평범한 과정을 겪는 중일 뿐이다. 우리의 목표는 우울증을 극복하고 본래의 상태인 '건강한 나'로 돌아가는 것이다. 이렇게 생각하니 한 번도 겪어보지 못한 것을 이루는 것보다 훨씬 쉽게 다가오지 않는가? 오늘부터 건강한 마음으로 돌아가 내 삶을 행복하고 충실하게 살아보자.

*이 글은 진단, 치료, 또는 전문적인 상담을 대체할 수 없습니다.

CONTENTS

프롤로그 4

1부. 내 우울증 이야기 10

   우울증의 시작이 된 학교폭력 11

   아무리 애써도 나아지지 않았다 18

   이 상황만 끝나면 22

   스토킹을 당하다 28

   연이은 실패와 피해 경험 31

   정말 이게 끝일까? 34

   마음을 들여다보다 37

   기적은 누구에게나 주어져 있다 41

   우울증 극복, 그 후 내 상태는? 43

2부. 우울증 극복, 수용의 7단계   48

  1단계. 내 마음 상태를 받아들여라   49

  2단계. 어떤 감정이든 수용하라   55

  3단계. 복수에 집착하지 말고 상처를 포용하라   60

  4단계. 외부 상황이 변하기 만을 기다리지 말고 용기를 내야 한다   66

  5단계. 감정을 표현하라   74

  6단계. 판단을 내려놓고 모든 것을 수용하라   77

  7단계. 무한 수용, 그 다음은?   83

  번외. 남을 사랑하듯이 자신을 사랑하라   88

3부. 저자의 편지   92

  저자의 편지   93

  우울증에 대한 질문과 오해(Q&A)   102

  무기력증, 나부터 이해하라   112

에필로그. 행복한 삶에 대한 편견   118

1부.
내 우울증 이야기

우울증의 시작이 된 학교폭력

 이 이야기는 단순히 힘들었던 나의 과거를 토로하는 넋두리가 아니다. 나와 비슷한 상황에 있었던 사람, 그리고 어떤 상황에 처해 있든 우울증을 겪는 사람에게 반드시 이겨낼 수 있다는 희망을 전하기 위함이다. 내 우울증은 고등학교 2학년 때 친하게 지냈던 같은 반 친구들이 한순간에 날 외면하면서부터 시작했다. 바로 전날까지만 해도 이야기를 잘 나누던 친구에게 다가가 평소처럼 말을 건넸는데, 대꾸도 안 하고 뒤돌며 날 무시했다. 그 아이는 집에 놀러 가서 깊은 얘기를 나눌 정도로 친한 사이였다. 평소 같았으면 왜 그러냐고 물었겠지만, 나는 너무나 당황해서 아무런 대응도 하지 못했다. 또 학급에서는 여러 명과 같이 어울려 놀곤 했었는데, 그중 대부분이 날 피했다. 다른 반 친구가 그날 나한테 알려주었다. 급식실에서 내 욕을 그렇게 크게 했다고. 그날 충격이 너무 커서 수업 시간에 눈물을 쏟다 화장실로 달려가 펑펑 울었고, 그리고는 한순간에 소심해졌다.

매일 죽고 싶었고, 학교 가기가 무서웠다. 그렇게 내 우울증은 시작되었다.

학창 시절의 교우 관계란 무척이나 중요하다는 것을 누구나 잘 알 것이다. 당시의 고교 특성상 동일한 반의 학생들은 매일 한 공간에 있어야 하는 데다가, 우리 학교는 야간자율학습이 의무였고 심지어 토요일까지 학교에 와야 했다. 학급 친구들과 계속 마주 보며 지낼 수밖에 없었으니 하루 종일 미움 받고 무시당하는 느낌을 받으며 살았다. 학교를 벗어나면 자는 시간뿐. 자기 전에 내일 아침을 또 맞이해야 한다는 사실이 주는 고통은 어렸던 내가 감당하기에는 버거웠다.

나는 내 말에 대꾸조차 하지 않던 한 친구에게 학교를 마치고 전화를 걸어 내가 혹시 잘못한 것이 있으면 말해달라고 울면서 말했다. 친구는 잘못한 것이 없다고 말하며 괜찮다고 말하고는 전화를 끝냈다. 그 친구는 다음날에는 나에게 웃어주었으나, 며칠이 지나자 다시 나를 무시했다. 그 아이가 나를 싫어했던 친구와 가장 친했다 보니 회유 당한 듯했다. 친했던 친구들은 나를 피하는 것에서 그치지 않고, 나중에는 점점 무시하고 비웃기 시작했다. 소심 해진 내가 아무런 대응도 하지 않자, 그 강도는 점점 심해졌고 앞에서는 무시, 뒤에서는 비웃음을 당하는 일이 잦아졌다.

  그러던 어느 날, 내가 갑자기 소외되었던 이유를 다른 반 친구에게 들어보니, 한 친구가 나를 굉장히 싫어해서 틈만 나면 나를 욕하며 이상한 사람으로 만들었다는 것이다. 그런데 그 친구와는 참 아이러니하게도 3년 동안 같은 반이었다. 그리디 보니 이후 3학년이 됐을 때도 어김없이 소외되었다. 평소에 나랑 중학생 때부터 가장 친했던 친구와 같은 반이 되어서 괜찮을 줄 알았는데, 그 친구도 시간이 지나면서 나를 무시하고 피했다. 한 번은 그 친구가 좋아하는 남학생 B가 있었는데, B는 나와 아주 친했던 친구였기에 B에 대해 물어볼 것이 있다며 이동수업 때 같이 이야기하자고 한 적이 있었다. 나는 이동 수업에 항상 혼자 갔던 것이 외로웠기에 친했던 친구와 얘기를 나누며 갈 생각에 기분이 좋았다. 나는 쉬는 시간에 그 친구에게 다가가 같이 가면서 얘기 하자며 말을 걸었다. 그러나 그 친구는 표정이 싹 굳더니 내게 화를 내며 이렇게 말했다. "왜? 왜 지금 얘기하는데? 혼자 가." 옆에 보는 친구들이 많은데 내가 말을 걸어서 화가 난 것 같았다. 예전에는 그 누구보다 나를 젤 좋아해 주던 친구한테 이런 말까지 들으니 너무 충격적이었다.

그 이후로 나는 그 친구가 먼저 말을 걸기 전까지는 다른 친구들 앞에서 이야기를 먼저 건네지 않았다. 단둘이 있을 때 내가 잘못한 것이 있냐고 물어봤지만, 잘못한 게 아무것도 없다고 하면서 그저 날 젤 싫어하는 친구 A가 별 이유 없이 내 욕을 한다고 말해주었다. 그녀는 A가 잘못됐다며 나를 위로해 주는 듯했지만, 반에 들어가면 다시 A와 웃으며 친하게 지내고 나는 무시했다. 고등학교를 졸업한 후에 그 친구가 예전처럼 돌아 가자며 사과를 하긴 했다. 나는 친구와의 좋았던 관계가 너무나 그리웠으나 애틋했던 만큼 배신감도 컸기에 다시 예전처럼 돌아갈 수는 없다고 단호하게 말했다.

어느 날이었다. 반 친구들과 함께 졸업사진을 찍는데, 나는 여느 학생처럼 사진이 잘 나오고 싶어 사진을 찍기 전 거울을 잠깐 보고 있었다. 그 거울은 4~5명이 볼 수 있는 큰 거울이었다. 나를 싫어하는 친구들이 내 바로 뒤에 있었는데, 나를 보더니 자기들끼리 눈을 마주치며 씨익 웃더니 나중에 킥킥대며 웃기 시작했다. 내가 거울 보는 데 방해가 된다고 생각한 것 같다. 거울 앞이라 다 보이는데…. 그 친구들은 내가 눈치채든 말든 중요하지 않았을 것이다. 깔본다는 느낌을 받아 너무 화가 났지만, 나는 아무 말도 하지 못했다. 단지 그 짧은 순간의 웃음으로 평소에 얼마나 나를 싫어했는지 다시 한번 느꼈을 뿐이다.

그날 나는 졸업사진을 특별하게 찍어보고 싶은 마음에 당시 유행하던 TV 프로그램 유니폼과 비슷한 색의 옷을 입었다. 그렇다고 크게 튀지는 않는 평범한 옷일 뿐이었다. 졸업 사진을 찍은 후 하교 시간에 다른 반 친구를 기다린다고 뒤늦게 집에 가고 있었는데, 같은 반 친구들이 한참 앞에서 가고 있는 것을 목격했다. 뒤에 사람이 없다고 생각했는지 내 이름을 크게 얘기하면서 이렇게 말했다. "지가 아이돌이라도 되는 줄 아나 봐." 그러자 옆에 있던 친구들이 깔깔거리며 재밌다고 웃었다. 얼마나 크게 얘기했으면 한참 뒤에 있는 내 귀에도 들렸다. 그때 내 옆에 있던 친구는 당황해서 어쩔 줄 몰라 했는데, 나는 욕을 직접 들었다는 상처보다는 비참함을 느꼈다. 친구에게는 내가 이런 처지인 것을 들키고 싶지 않았기 때문이다.

고등학생 때는 조금이나마 성숙해진 시기이기에 대놓고 왕따를 시키지는 않았지만, 은근한 무시와 따돌림 속에서 하루하루가 고통스러웠다. 전에는 내가 너무 착해서 좋다고 했던 친구들이 어느 순간 날 없는 사람 취급할 때의 심정이란

이루 말할 수 없이 가슴 아팠다. 아니, 참혹하다는 표현이 더 어울릴까? 게다가 날 싫어했던 친구들이 반에서 목소리가 컸던 친구들이라 더욱 혼자 움츠러들었던 것 같다.

쉬는 시간엔 내가 가서 말을 걸면 또 뒤에서 욕을 먹을까 봐, 무시당할까 봐 너무 두려웠고, 무엇보다 말할 친구가 없어 외로워 보이는 모습을 다른 친구들에게 보이고 싶지 않았다. 그래서 나는 정말로 쉬고 싶은데도 공부하는 척을 했다. 물론 머릿속에 제대로 들어오지도 않았지만 말이다. 그런 식으로 괜찮은 척하면서 버텼지만, 마음은 시커멓게 타 들어 가고 있었다. 나는 하루 종일 죽고만 싶었고, 자퇴할지 말지 하루에 수백 번은 고민했으나, 가족들이 이 사실을 알면 슬퍼할까 봐 턱 끝까지 차오른 눈물을 삼키고 버텼다. 그렇게 버티면, 이 상황만 끝나면 모든 게 괜찮아질 거라고 믿고 매일 울면서 버틴 것이다.

당시에는 그것이 바로 '우울증'일 것이라고는 생각하지 못했다. 지금 돌이켜보면 우울증이라고 단연코 말할 수 있겠지만, 그때는 알면서도 애써 부정했던 것 같다. 예전에는 우울증이 있는 사람은 하루 종일 어둠에 빠져 일상생활을 못하고 반복적인 자살 시도를 하는 사람이라는 잘못된 편견이 있었기 때문이다. 불쌍해 하면서도 이상하게 보는 그 사회적 시선은 내 마음 상태를 부정하게 만들었고, 이러한 인식은 내가 우울증임을 인정하기까지 몇 년을 돌아가게 만들었다.

우울증은 종종 작은 트라우마로부터 시작한다. 한번 우울감을 느끼면 끝도 없이 우울감에 빠지기 쉬운 게 우리 인간의 뇌라고 한다. 나는 그렇게 우울증이 시작되었고, 이때부터 7년 동안 우울증의 친구가 되었다.

아무리 애써도 나아지지 않았다

사랑받으려고 부단히도 애썼다. 날 피하는 친구들이 내가 정말 좋아했던 친구들이라 더 가슴이 아팠다. 내 얘기도 물어봐 주고, 들어줬으면 어땠을까 생각했다. 그래도 2학년 후반부에 일어난 일이라 버틸 만 하겠다고 생각했으나, 날 그렇게 싫어하던 친구 A와 3학년 때도 같은 반이 되었다. A는 특이하게도 내 앞에서는 싫어하는 티를 내지 않았기에, 나는 아직까지 나를 그렇게 싫어하는지도 모르고 앞으로 잘 지내야겠다는 생각만 했었는데, 그건 아주 큰 오산이었다. A는 같은 수법으로 날 다시 혼자로 만들었다. 진실을 알게 됐을 때 너무 화가 나고 배신감이 들었다. 새롭게 같은 반이 된 친구들에게 착하게 대하고 웃으며 잘 지내보려 노력해도 소용없었다. 친구들이 날 피하는 걸 알면서도 앞에서 웃으면서 잘해보려고 노력했다. 내가 잘하면 다시 좋아해 줄 것이라는 막연한 믿음 하나로 말이다. 당시 내가 얼마나 잘해보려 노력했는지 말해보면 대표적인 일화를 들 수 있다. A의 생일에 손 편지를 써주며 그녀가 좋아하는 떡볶이를 사주겠다고 했더니(당시에는 나를 죽도록 싫어하는지 몰랐기에) A는 좋아했고, 그날 함께 얘기를 나누고 시간을 보냈다. 그 이후는 어떠했겠는가? 혼자 소외되는 일상에 변화가 있었던 적은 없으니 말 안 해도 알 것이다. 나중에 그 친구가 내 생일에 떡볶이를 사준다고 말은 했지만, 그런 일은 없었다. 나는 떡볶이를 기대한 게 아니다. 그저 그들처럼 서로 좋아하는 친구 관계로, 함께 웃으며 학교생활을 하고 싶었을 뿐이다. 이런 노력을 여러 번 했지만 소용없었고, 시간이 갈수록 외로움은 커져만 갔다. 아무리 애써도 상황은 나아지지 않았던 것이다.

고등학교 3학년 때 학교에서 우울증 검사를 했다. 결과가 매우 심각한 수준으로 나와 대학병원에서 일하시는 선생님과 상담을 하게 되었다. 상담 선생님께서 내 이야기를 들으시더니 "모두가 너를 좋아할 수는 없어. 네가 못나서 그런 게 아니라 모두에게 해당되는 거야." 라는 말씀을 하시고는 우울증이 아닌 것 같다며 돌아가라고 했다. 내가 괜찮은 척 하는 것이 몸에 배어 있어서 그랬던 것 같다. 그리고 모두가 좋아할 수 없다는 말을 들을 당시에는 어느 정도 위로가 되었지만, 다시 소외되었던 상황으로 돌아갈 때는 받아들이기 어려웠고, 전과 다를 것 없이 고통스러웠다. 지금 돌이켜보면 그 사실을 온전히 받아들였다면 난 훨씬 좋아졌으리라 생각한다. 날 싫어하는 친구들에게 사랑받으려고 집착하지 않고, 용기 내 다른 친구들에게 다가갈 수 있었을 테니까. 그때는 어린 마음에 그저 관계가 다시 좋아지기만을 바랐다. 바위에 계란을 던지는 일이었음에도 말이다.

생각해 보면 같은 반에 나를 좋아해 줬을 친구가 분명히 있었을 텐데 욕을 들을까 무서워 다른 친구들에게도 다가가지 못했던 것이 한편으로는 아쉽다. 지금이야 그때의 어리고 미숙했던 나를 이해하지만, 아쉬움이 남기에 또 다른 나 같은 이들이 있다면 한 번 주위를 돌아봤으면 한다. 나를 싫어하는 사람에게만 집중하면서 사랑받을 기회를 놓치고 있는 건 아닌지 말이다. 누구든 분명 사랑받을 자격이 있기 때문에 나는 반드시 자신과 마음이 맞는 사람이 있을 것이라고 확신한다. 그러니 미움에 에너지를 쏟기보다는 받고 있는, 받을 수 있는 '사랑'에 시선을 돌리고 집중했으면 한다.

이 글을 읽는 독자들도 분명 누군가에게 상처받은 적이 있었을 것이다. 상처받은 기억이 올라올 때 잊어보려고 애써도 시도 때도 없이 찾아오는 아픈 기억은 끝없이 우울함의 늪에 빠지게 만들었을 것이다. 그러나 이 책을 통해 마음의 힘을 기른다면, 예전 상처를 덤덤히 말하는 사람이 될 수 있다. 나도 예전에는 분노와 원망, 억울함, 슬픔 등 오만 가지 감정이 올라올 때 느껴지는 고통때문에 떠오르는 생각들을 회피하기 바빴는데, 그렇게 하니 지속적으로 우울함에 빠지기만 했다. 지금은 그저 과거의 나를 생각하면 안쓰러워 안아주고 싶다는 생각뿐이다. 이 글을 읽는 모두가 그렇게 자신의 상처를 꼬옥 안아주고 더 강해졌으면 좋겠다.

이 상황만 끝나면

 나는 극심한 우울증과 등교의 두려움으로 자퇴를 매일 고민하였다. 그럼에도 자퇴를 하지 않고 버틸 수 있었던 건 이 고통스러운 상황만 끝나면 불행 끝 행복 시작일 줄 알았기 때문이다. 날 싫어하는 사람들에게서 벗어나 좋은 학교에 다니는 멋진 미래의 나를 상상하며 버텼다. 명문대에 진학하고 싶은 이유로 진정한 자아실현은 0.1%쯤이 전부고, 복수심이 99.9%였다. 날 무시하던 사람에게 보여주고 싶었다. 나는 내가 피해자이기 때문에 하늘이 날 무시하고 비웃는 친구들보다 더 잘되게 해 줄 것이라고 굳게 믿었다. 하지만 고등학교 3학년 때는 멘탈이 산산조각 나 있던 터라 성적 관리가 쉽지 않았고, 근거 없는 보상 심리에 기반해 무리한 상향 지원을 해 수시전형에 모두 불합격했다. 마치 세상이 날 놀리기라도 하듯 날 가장 무시하고 싫어했던 친구 두 명은 모두가 가고 싶어 하는 좋은 학교에 합격했다.

그래도 나는 끝까지 기대를 놓지 못했다. '좋은 대학만 가면 다 끝이야. 소심하고 우울한 나에서 벗어나 멋진 나를 보여줄 수 있어.'라는 마음으로 재수를 시작했다. 무작정 서울에 있는 고시원에 들어와 재수를 시작했는데, 생각했던 것보다 훨씬 힘들었다. 햇살이 들어오지 않는 작디작은 방이 사람이 공부하고 쉬는 공간 이라니. 끔찍했다. 그곳에서는 모든 걸 조심스럽게 해야 했다. 소음을 내면 옆 방에 다 들리니 쉴 때도 조심할 수 밖에 없었고, 오히려 스트레스만 쌓였다. 지금 생각하니 참 안쓰럽다. 마음을 돌봤어야 하는데 오히려 쉴 새 없이 밀어붙이고 있었으니…. 나는 '남들에게 보이는 나'를 위한 의미 없는 고생을 해가며 마음에게 쉴 틈을 주지 않았다.

처음엔 노량진에 있는 재수 종합학원에서 수업을 들었는데, 잘 맞지 않아 독학 재수학원으로 옮겼다. 거기서는 하루 종일 앉아서 혼자 공부해야 했다 보니 잡생각 하기 딱 좋은 환경이었다. 덕분에 과거에 대한 분노가 미친 듯이 올라왔고, '고3 때 내 멘탈을 산산조각 낸 그 인간들 때문에 내가 지금 이러고 있다.'라는 생각에 더 고통스러웠다. 혼자 공부를 할 때면 분노가 스멀스멀 올라오더니, 이내 머리를 쥐어뜯는 나를 발견할 수 있었다. 나는 고등학교만 졸업하면 모든 게 행복할 줄 알았기에 더 화가 났다. 어떻게 상황이 끝나고 나서도 나를 이리도 괴롭힐 수 있는지. 나한테 대체 왜 그랬냐고 수백 번을 전화로 따져 묻고 싶었지만, 그래 봤자 또 다른 비난의 화살들이 돌아올 것을 알았기에 혼자 버텨내는 수밖에 없었다.

 큰 상처가 남게 되면 그냥 넘겨서는 제대로 아물기 어렵다. '그 상황만 끝나면 모든 게 해피엔딩'이라는 건 내 착각이었다는 것을 뒤늦게야 깨달았다. 또 한 번 멘탈 관리에 실패한 나는 재수도 실패했다. 논술에 나름 재능이 있었던 나는 대입 마지막 시기 큰맘 먹고 부모님을 졸라 대치동 유명 학원에서 논술 강의를 단기로 들으면서 합격이 유력하다는 말까지 들었지만, 태어나서 처음으로 알람을 못 듣고 지각해서 시험에 응시하지 못했다. 나머지 학교는 반드시 맞춰야 할 최저 수능 점수도 맞추지 못해 불합격 했다. 남은 거라곤 망친 수능성적. 온 세상이 나를 돕지 않는다고 생각하고 좌절감에 빠져 지냈다. 이후 나는 욕심을 죽이고 현역 때 내신으로 충분히 들어갈 수 있는 학교를 입학하게 되었지만, 고등학생 시절이 너무 힘들었기에 어찌 됐든 전보다 행복한 세상이 펼쳐질 줄 알았다.

그러나 내 마음이 치료되지 않았는데 고통스러운 상황에서 벗어난다고 무작정 행복해질 거라는 생각은 내 욕심이었다. 대학에서는 날 싫어하는 사람이 절반은 되는 것 같았다. 어딜 가나 욕을 그렇게 먹었다. 이렇게 말하면 '아니, 얼마나 성격이 안 좋길래'하고 생각할 수도 있겠지만, 성격은 평범했다. 날 좋아해 주는 사람도 있었고, 착하고 마음이 따뜻하다는 말도 정말 많이 들었다. 실제로 내가 유별나게 착하다고 생각하지는 않지만, 어딜 가나 볼 수 있는 평범한 성격인 건 확실하게 말할 수 있다. 동아리에 들어갔을 때는 처음 들어왔으면서 팀 리더를 한다며, '쟤는 의욕이 너무 넘친다' 고 다 같이 모여 욕을 했다고 한 친구가 전해주기도 했다. 또 사소한 걸로 많은 사람에게 비난 받은 경우가 많았는데, 나를 잘 아는 사람들은 별거 아닌 거로 욕을 그렇게 먹는다고 안쓰러워 했다. 그때 당시에는 마음이 좀 여린 편이라 이 사실을 알고는 잠을 못 이룰 정도로 마음이 아팠다. 그러다 보니 행복할 틈이 없었던 것 같다. 물론 내가 이런 상황을 현명하게 대처하지 못한 점도 있고, 나서는 걸 좋아한 게 어느 정도 작용했을 수 있다. 억울한 부분도 있지만, 훗날 그 일을 돌아봤을 때 내 책임 또한 있음을 인정하니 오히려 마음이 편해지기도 했다.

너무 자세히 풀어내는 것이 이 책의 취지에 맞지도 않고, 필요도 없기 때문에 일일이 다 풀어내지는 않겠지만 내가 가장 힘들었던 것은 너무나 수치스러운 소문이 돌았던 일이었다. 내용을 순화해서 간단히 말하면 내가 문란한 생활을 하고 있으며, 이성을 협박하고 산다는 소문이었다. 너무나 터무니없는 소문이었는데, 모르는 사람들까지 술자리에서 내 사진을 공유하며 소문을 이야기했다고 한다. 소문의 근원을 알아보니 나를 싫어하는 주변 사람이 나를 소외시키려고 허위 사실을 말한 것이었다. 그런 말을 하고 다닌 당사자에게 따져 보기도 했지만, 이미 퍼져버린 소문이 한두 사람에게 따진다고 될 일은 아니었다. 너무 화가 나고 억울해서 미쳐버릴 것 같았고, 학교에 가는 게 무서웠다. 사람들이 내 얘기를 할까 무서웠고, 나를 싫어하는 사람들의 시선도 모두 두려웠다. 죽고 싶을 만큼 힘든 감정이 고등학교 때보다 더하면 더했지 덜하진 않았다.

지금이야 헛소문이나 날 미워하는 사람이 많은 걸로 우울증이 심해지거나 하는 일은 없지만, 그때의 나는 이미 우울증을 겪고 있었던 시기다. 멘탈이 바로 잡혀 있지 않은 사람이 많은 이들에게 미움을 받으면 얼마나 상처가 배가 되겠는가? 많은 사람들이 나를 비난했다는 것을 전해 들을 때는 배신감도 컸고, 당시에는 친구들 앞에서 괜찮은 척했지만 솔직하게 마음이 정말 아팠다. 단순히 뒷담화뿐만이 아니라 단체 대화방에서 나에게 적대감을 드러낸 적도 여러 번 있었기에 일상생활을 하며 행복이라는 감정을 잊을정도로 스트레스가 가득했다.

스토킹을 당하다

 지금까지 얘기했던 것이 전부였으면 좋으련만, 힘들었던 대학 시절에 스토킹 피해를 당하기도 했다. 피해 당시 이만큼이나 무섭고 미칠 것 같은 경험을 처음 겪었기에 죽고 싶다는 생각을 가장 격렬하게, 그리고 자주 했던 시기이기도 하다. 스토킹을 당하면 일상생활이 제대로 되지 않는다. 집에 있을 때는 찾아올까 봐 무서웠고, 외출할 때는 공포에 질린 채로 주변을 계속 둘러보게 될 정도였으니 말이다.

 나를 괴롭게 만들었던 상황을 나열하자면 끝도 없겠지만, 그중 몇 가지만 말해본다. B는 원래 아는 사이였기에 내 번호를 알고 있었다. B는 나에게 끊임없이 문자로 자신을 만나 달라, 그렇지 않으면 죽을 거라는 식으로 협박을 일삼았다. 번호를 차단하면 인스타 DM으로, 아이디를 차단하면(당시에는 같은 사람의 아이디를 모두 차단하는 기능이 없었던 걸로 기억한다) 계속 새로운 계정을 만들어 끝까지 나에게 메시지를 보냈다. 어떤 방식을 찾아서든 나에게 협박성 메시지를 보내 사람을 미치게 만들었다. 지금의 기준으로 보면 스토킹으로 바로 법의 심판을 받을 수준이었다.

한번은 B가 집 문을 두드리고 열어 달라며 옆집에 피해 끼칠 만큼 난동을 부린 적도 있었다. 그리고 집 근처에서 자해하며 피를 흘려 놓은 흔적 때문에 민원이 들어왔는지 조심하라는 단체 메시지가 들어와 이웃들에게 큰 죄책감이 들었다. 당시 호감이 있던 이성과 함께 걸어가다 뒤를 돌아봤는데 그 사람이 따라오고 있다는 것을 알았을 때는 정말 소름이 끼쳤다. 이후에는 그 사람은 누구냐고 물으며 나 말고 다른 사람을 만나면 저주받을 거다, 나를 만나지 않으면 자기가 죽을 거라는 공포스러운 문자를 받기도 했다. 주위 사람에게까지 해를 입힐까 두려워 인간관계도 제대로 지속하기 힘들었다. 너무나 괴로워 제발 그만해 달라고 화내고 소리도 질러봤지만 소용이 없었다. 그때 당시에는 보복할까 봐, 소문이 날까 봐, 부모님이 알까 봐 두려워 경찰에 신고 하지도 못해 패닉에 빠져있었다. 제대로 된 판단이 불가할 정도로 내 정신은 파괴되어서 그만해 달라고 애원하는 것 말고는 제대로 된 대처를 하지 못했다.

어떻게든 혼자 해결해 보려고 노력하다가, 나중에는 지쳐버려 내 앞에서 칼을 들이밀며 협박해도 덤덤할 정도로 삶의 의지가 없어졌다. 둘 중 하나는 죽어야 끝이 난다는 생각이 들었기 때문이었다. 정말 다행스럽게도 위협만 하고 해를 가하지는 않았지만, 미칠 것 같은 상태로 매일 공포와 불안에 떨며 살았다. 1년 정도 시달리다 운이 좋게도 갑자기 다른 바람이 불었는지 스토킹을 그만두어서 흐지부지 끝이 났지만 그동안 시달린 나는 너무 지쳐있었다. 끝이 났다는 기쁨은 잠깐일 뿐, 나를 지배하고 있었던 어둠의 기운은 사라지지 않았다. 더 이상 학교에 다닐 힘이 남아있지 않았으며, 그 사람이 언제 다시 찾아올지도 모르니 이곳에서 영원히 떠나고 싶기도 했다. 나는 나를 괴롭게 하는 대학 생활에서 벗어나기 위해 졸업이 얼마 남지 않았음에도 불구하고 학교를 그만두고 다시 새 출발을 준비했다.

연이은 실패와 피해 경험

 나는 또 나를 끔찍이도 괴롭혔던 그 학교에서 벗어나면 끝인 줄 알았으나, 역시 오산이었다. 전부터 높은 학력에 대한 집착이 강했기도 했고, 학교를 벗어났으면 하는 마음에 마지막이라 생각하고 대입에 한 번 더 도전했다. 당시에는 우울증 약을 먹으면서 나름 괜찮아졌다고 생각했기에 뭐든지 잘 될 거라는 느낌이 들었다. 준비 기간은 짧았지만 열심히 노력해서 실력은 수직상승 했고, 이대로만 가면 명문대학교에 입학할 수 있다고 생각했다. 결론은 준비한 시험에는 합격했지만, 서류심사에서 최종 탈락을 했다. 학교만 옮기면 모든 게 꽃 길이라고 생각한 나는 정말 '완벽한 좌절'을 맛봤다. 경제적 사정이 좋은 편이 아니었음에도 이번엔 꼭 합격하겠다며 무리하게 부모님께 학원 비용을 내달라고 부탁까지 한 상황이었다. 이번에는 정말 합격이라는 보답을 주려고 했는데, 또 실망하게 만든 것이다. 나는 완벽한 좌절과 부끄러움, 부모님을 향한 죄송함, 세상에 대한 원망 등 부정적 감정의 늪에 다시 빠져 하루 종일 누워 있었다. 그러다가도 세 번의 대입에 실패해서 빚진 부모님께 또 한 번의 불효는 못 할 짓이라 생각이 드니 정말 혼란스러웠다. 죽고 싶어도 죽지 못했다.

그 시기에 나는 만나던 사람에게 데이트폭력에 시달리기도 했다. 헤어지자고 하면 욕과 폭행을 하거나 복수심에 나쁜 행동을 하지 않을까 두려워 몇 달을 시달렸다. 나중에 이렇게는 못 살겠다 싶어 모든 걸 감수하고 이별을 고했다. 평생 살면서 듣기 힘든 욕설을 받았지만, 나는 더 큰 일이 날까 무서워 펑펑 울면서 사과만 했다. 트라우마가 남긴 했지만, 결국 큰 탈없이 헤어졌다. 알고 보니 그 사람은 이미 많은 이들에게 언어 폭력과 폭행, 범죄를 저질렀고 후에는 징역형을 받았다고 한다.

좋지 않은 상황이 다시 나를 덮치면서 또 한 번 큰 좌절을 맛봤다. 나는 정서적 공허함을 폭식으로 채우면서 몸무게가 몇 개월 만에 10kg이나 늘기도 했다. 그래도 하나 다행이었던 점은 이때는 우울증임을 인식하고 어느 정도 멘탈 관리를 해놨던 시기라는 것이다. 그래서 대학 시절보다는 불면증과 우울감이 덜했다. 그만큼 정신적인 건강이 중요한 것이다. 대학 재학 시절에는 숨을 쉬는 모든 순간을 죽고 싶단 생각밖에 하지 않았고, 매일 새벽 6시까지 잠을 못 자고 아침에 겨우 잠에 들면 오후 4시에 일어나기를 반복할 만큼 심각했으니 말이다. 그리고 일어나서는 누워서 창 밖을 바라보고 뛰어내리고 싶다는 생각만 반복했을 정도로 하루하루를 우울하게 보냈기 때문에 잠이라도 제때 자는 건 감지덕지할 정도였다. 그래서 슬픔에 한참 빠져 있다가도 털고 일어날 수 있는 용기가 전보다 빨리 찾아오게 되었다.

 이 글을 읽는 누군가도 나보다 상황이 더하든 덜하든 씻을 수 없다고 생각하는 상처가 있을 것이다. 나도 피해를 당할 당시에는 그랬지만 지금은 완벽하게 극복했고, 더 이상 그 사실이 내 감정에 큰 동요를 일으키지 않는다. 독자들도 반드시 상처를 딛고 행복을 느낄 수 있다. 그러니 인생은 고통이 전부라고 생각하지 않았으면 좋겠다. 행복한 순간은 언제나 곁에 있고, 당신이 따듯한 눈으로 바라 봐주길 기다리고 있으니 말이다.

정말 이게 끝일까?

 수십 번 넘어지고 나서도 희망의 끈을 놓지 않았다. 내가 전생에 큰 죄를 지어 세상이 날 벌주나 싶다가도, 세상이 나를 완전히 내다 버릴 거라고는 생각하지 않았다. 대학생 시절 매일 불면증에 시달리고 오후 4시에 일어나길 반복하면서, 나는 내가 우울증이라는 것을 확실하게 깨달았다. 그전에는 자살 시도를 여러 번 할 정도여야 우울증이라고 생각했다. 나는 자살 충동은 매일 일어나도 시도는 해본 적이 없어 치료가 필요한지도 몰랐다. 맨날 죽고 싶은 충동이 드는 것은 다른 사람들도 마찬가지인 줄 알았고, 이 상태에서 나아질 수 있다는 것을 상상하지도 못했다.

 그런데 더 추락할 곳이 없을 만큼 처참했던 덕분이었을까? 이제는 지긋지긋하니 이 상태에서 벗어나야겠다는 생각이 들었다. 그래서 세 번째 대입을 시도했다. 큰맘 먹고 공부를 시작했지만 우울함이 최대 친데 어떻게 공부가 잘 되겠나. 초반에는 공부하다가 우울함에 빠져 또다시 눕고, 다시 죄책감에 빠지기를 반복했다. 그러나 나는 합격이 간절했기에 무기력을 무조건 극복해야 한다고 생각했다. 그때 우연히 '우울할 땐 뇌 과학'이라는 책을 접했는데 내가 우울증을 겪고 있으며, 극복할 수 있다는 것을 납득하게 해주었다. 덕분에 우선 약을 먹어보자는 생각을 했지만, 나는 정신과에 가는 게 겁이 났다. 사람들의 편견을 걱정했던 터라 정신과에 다니면 나를 불쌍하게 보고 이상하게 볼 것만 같았다. 하지만 우울증 약이 어떻게 과학적으로 도움이 되는지 알고 나니, 일단 나부터 살아보자는 생각이 들어 어떻게든 가야겠다고 다짐을 하게 되었다. 참고로 책 〈우울할 땐 뇌 과학〉은 우울증에 대한 편견을 완전히 깨뜨린 책이었기에 독자들에게도 추천한다.

그래서 나는 집 근처 정신과를 찾아보았고, 긴 고민 끝에 사람이 별로 없는 작은 병원으로 갔다. 편견 속에 갇혀있던 기간이 워낙 길었던 지라 엄청난 용기가 필요했다. 그때는 오로지 약 처방을 목적으로 갔는데, 약을 먹으면 우울감이 덜어져 공부도 잘될 거라고 생각했기 때문에서다. 그런데 진짜였다. 공부할 힘이 생기고, 전에는 찾아볼 수 없었던 기분이 괜찮을 때, 활력이 생길 때도 있는 것이다. 그때 처음 알았다. '아 우울증 아닌 사람은 이런 인생을 사는구나.'라는 것을. 약을 먹는다고 다른 사람이 된 것처럼 좋아진 건 아니었지만, 하루 종일 우울함에 빠져있다가 좀 더 나아지는 경험을 해보니 우울증에서 벗어나야겠다는 의지가 더 강하게 올라왔다.

병원을 무조건 가야 하는 것은 아니니 걱정은 안 했으면 좋겠다. 다른 좋은 방법도 많다. 그러나 나도 도움을 받았기 때문에 고민하고 있지만 용기가 안 나는 사람이 있다면 내 사례를 통해 용기를 냈으면 한다. 썩 좋은 의도를 가진 시작이라고는 할 수 없지만, 지금의 나를 만들어 준 초석 임은 확실하다. 앞서 말했듯이 고통스러운 상황에서 벗어났다고 무조건 끝은 아니다. 그러나 그 벗어나려는 시도들은 나를 점점 강한 사람으로 만들어주는 초석이 되었다.

마음을 들여다보다

 나는 정신건강의 힘이 얼마나 대단한지 깨달았다. 나는 정신건강을 바로잡고, 더 멋진 나로 변하길 기대하며 자기계발을 시도했다. 나는 당시 열풍이 돌던 자기계발 책을 여러가지 읽게 되었고, 성공한 사람들의 대부분은 '명상'을 한다는 사실을 접하게 되었다. 살면서 명상에 관심을 가져본 적이 없고, 효과가 있는 줄 전혀 몰랐기에 명상이 멘탈 강화와 목표 성취에 도움이 된다는 말에 무작정 유튜브 영상으로 따라 해보았다. 처음엔 어려웠지만, 하다 보니 마음의 힘이 점점 커지고 있음을 느꼈다. 초보자인 나에게 명상을 꾸준히 하는 것은 어려웠기 때문에 한창 공부를 하다가 쉬고 싶을 때 누워서 하는 방식으로 시작했다. 나는 누워 쉬면서 명상하는 시간이 너무나 좋았다(누워도 죄책감이 덜 드니까^^). 내 에너지에 맞지않게 무리하게 공부를 하는 것보다 명상으로 소모된 에너지를 충전하면서 공부하니 스트레스도 덜 받았고, 성과도 좋았다.

그렇게 나는 약 4개월간 현실을 뒤집어보고자 열심히 공부했고, 편입전형 필기시험은 합격했지만 결국은 서류전형에서 최종 탈락하였다. 당시에 멘탈 관리를 하면서 실력이 수직상승하였기에 당연히 합격할 것이라고 생각했다. 그리고 이때까지 힘들었던 나에게 '이번에는 선물을 주시겠지' 라는 근거 없는 기대를 또 품었었다. 주변 지인들에게 합격할 것 같다고 큰 소리를 치기도 했다. 그러나 또 한번의 희망은 무참히 나를 짓밟았다. 명문대 입학이 내 인생을 바꿔줄 유일한 길이라고 생각했기에, 모든 세상이 무너지는 줄 알았다. 나는 부모님에게 또 실망을 안겨드렸다는 자괴감과 창피함을 비롯한 온갖 부정적 감정들에 또 다시 잠식되었다.

나는 하루 종일 누워서 천장을 바라보고, 창문을 바라보면서 극단적인 생각을 하는 일상으로 돌아갔다. 내 고통을 벗어나게 해줄 인생 마지막 기회를 놓쳤다고 생각한 나는 날 고통에 빠트렸던 학교로 다시 돌아가야한다는 사실이 너무 무서웠다. 그렇게 몇 달 간 우울함에 빠져 아무것도 하지 않다가 부모님께 짐이 되기 싫어 자급자족이라도 해야겠다는 생각이 들었고, 그렇게나 가고 싶었던 서울에 무작정 올라가기로 결심했다. 정말 무작정 그 자체였다. 그리고 평범한 일자리를 구했다. 이후 특별한 사건없이 일하고 집에 오는 일상을 반복하면서 나만의 시간이 생기게 되었다. 나는 그 와중에도 자기계발 서적을 읽어가며 남들에게 보기 좋은 사람이 되려고 이것저것 시도해보았는데, 마음처럼 잘 안되어 작은 실패를 다시 여러 번 겪기도 했다.

그때는 성공과 돈이 주어지면 내 고통이 끝날 것이라고 생각했기 때문에 그렇게도 갖은 애를 썼다. 하지만 여전히 우울감과 무기력함이 내 발목을 붙잡고 있었다. 반복된 실패를 여러 번 겪고 나니 아직 무언가 밀어붙일 마음의 힘이 부족하다는 것을 알게 되었다. 나는 다시 무기력하게 누워있는 시간이 늘어났고, 생각이 많아지다 보니 자연스럽게 고통으로 점철된 내 과거를 다시 마주할 시간도 늘었다. 처음엔 상처받은 기억과 과거에 대한 후회와 수치심에 빠져 괴로웠지만, 이내 나 자신을 너무 몰아세우고 있었다는 것을 깨달았다. 상처받고 힘들었던 기억을 위로 하지도 않고, 우울감에 빠져있는 나를 탓하기만 했다. 이 사실을 깨닫고 난 후 나는 마음을 들여다보기 시작했다.

나중에야 알았다. 이렇게 끝자락으로 내몰아지면 새로운 국면을 마주할 수 있다는 것을. 나는 내 상태를 '있는 그대로' 인정하기 시작했다. 무기력함이 몰려오면 그냥 쉬었다.

전에는 죄책감에 하기 싫은 것을 억지로 하려고 하니 더 고통이 커졌다. 무기력하면 무기력한대로 나를 인정하고 내가 하고 싶은 대로 두었다. 처음으로 죄책감없이 마음껏 누워 쉬었다. 그렇게 쉬고 싶을 때 온전히 쉬니 오히려 무엇을 하고자 하려는 '의지'가 자연스럽게 올라왔고, 내가 정말 하고싶은 것만 하게 되면서 죄책감 없이 마음이 편안해졌다. 그리고 남들에게 어떻게 보여야 한다는 집착을 내려놓으니 마음이 더욱 편해졌다. 아픈 기억이 올라올 때는 펑펑 울고 털어내기를 반복했다. 그렇게 꾸준하게 온전히 나를 위한 시간을 가져주면서 나는 우울함이 점점 사라져갔다. 구체적으로 어떻게 극복 했는지에 관해서는 2부에서 자세히 다룰 것이다.

기적은 누구에게나 주어져 있다

예전의 나는 우울함이 극에 달하는 상태에서 절대 못 벗어나리라 확신했다. 대학생 시절 가장 친했던 친구도 극심한 우울증을 앓고 있었는데, 그 친구와 통화할 때마다 '어떻게 죽을 수 있을까'와 '왜 태어났을까'라는 얘기만 온종일 나누었다. 당시 이렇게 죽음에 대한 열띤 토론을 벌였던 것은 죽을 때까지 불행할 줄 알았기 때문이다. 그 당시는 세상을 살아가는 것, 태어난 것 자체가 고통스럽고 힘든 일이기에 죽는 게 가장 마음이 편할 것이라고 생각했었다. 지금 생각하면 잘못된 생각이라는 것을 알지만, 예전의 나에게는 전적으로 진실이었다.

그런 내가 지금 우울증을 완전히 극복하고, 과거의 나와 같은 사람들을 응원하기 위해 글을 쓰는 것은 '기적' 그 자체다. 그때의 내가 이런 모습을 감히 상상이라도 했을까? 당시의 나는 책 읽는 것을 좋아하지도 않았고, 책을 쓴다는 것도 상상도 하지 못했다. 내가 운이 좋아서 우연하게 우울증에서 벗어난 것도 아니다. 그러니 이 글을 읽는 독자들도 완전히 벗어날 수 있다는 것을 알아줬으면 한다. 정말로 기적은 누구에게나 주어져 있다. 나도 가능하다, 나도 할 수 있다는 그 확고한 '믿음'은 분명 자신에게 커다란 선물로 돌아올 것이다.

우울증 극복, 그 후 내 상태는?

하루하루 생사를 어찌할지 고민하는 삶을 살았다 보니 지금의 나는 누군가에게는 그저 그런 평범한 하루를 보내더라도 감사할 뿐이다. 처음부터 순탄했던 사람과 지옥을 맛본 후 평화를 느낀 사람은 큰 차이가 있다. 후자는 웬만한 힘든 일이 오더라도 크게 고통스럽지 않고, 고통 속에서도 감사한 점을 찾고 헤쳐 나갈 힘을 쉽게 얻는다. 그래서 나는 우울증 경험이 지금의 나를 빛내고 있다고 생각한다.

우선, 피부에 와 닿는 큰 변화 중 하나는 사소한 것으로도 행복과 감사함을 느낄 수 있게 되었다는 것이다. 우울함에 빠져있을 때는 이것저것 불만을 가지다 보니 행복한 일이 오더라도 알아채지 못하고 별로 기뻐하지 못했다. 찾아오는 행복을 알아차리지 못하면 나중에야 그때가 좋았다며 돌아보고 후회하게 된다. 행복이 왔을 때 온전히 행복을 느끼고, 그 순간을 즐길 수 있는 삶이 진정 행복한 삶이라고 생각한다. 감사함은 더 쉽다. 감사함은 우리가 느끼고자 한다면 언제든지 느낄 수 있기 때문이다. 우리는 먹고 싶으면 먹을 수 있고 편안히 잘 수 있는 공간이 있다. 우리에겐 너무나 당연하게 느껴지지만 빈민들을 떠올려 보라. 그들은 배고파도 마음대로 먹을 수 없고, 편안히 잘 공간도 없다. 그게 당장 내가 된다면 지금 이 상황이 얼마나 꿈만 같은 상황 일까? 그러니 나는 편안하게 쉴 공간이 있고 맛있는 것을 먹을 수 있기 때문에 감사하다. 감사함을 느끼게 되면 지금의 내 삶을 만족하고 남과의 비교도 멈출 수 있다. 남과 나를 비교하게 되는 것은 인간으로서 너무나도 자연스러운 일이지만 이로 인한 고통에서 벗어나는 것은 내 의지로 할 수 있다. 행복을 알아차리고 감사함을 느끼는 연습을 계속 한다면 나중에는 자연스럽게 삶의 불만족스러운 점보다 만족스러운 점을 인식하게 되고, 결국 삶이 즐거워진다. 또한 부정적인 생각에 나도 모르게 빠져 있다가도 빠져나오기 쉬워진다.

그래서 지금 나는 순간순간을 즐길 수 있다. 친구와 만나 맛있는 음료를 마시며 얘기를 나누는 것 자체도 행복하다. 일상에서 느낄 수 있는 사소한 행복이 하루하루를 소중하게 만든다. 나는 이제 쭉 나만의 인생을 즐기며 살아 내고 싶다. 힘든 일보다는 온전히 스스로의 힘으로 할 수 있는 일, 그리고 지금 누리고 있는 일에 집중하며 살아갈 것이다. 그렇게 나는 사소한 행복을 누리고 기억해 두기 위해 살아간다. 보다 많은 사람들이 한번 살다가는 인생을 되도록 즐겼으면 좋겠다.

지금 나는 남들의 시선에서 좋아 보이는 사람이 아닌, 내가 정말 좋아하는 것을 추구하는 사람이 되었다. 우울증을 극복하기 전에는 회사도 이름있는 곳으로 취직하려고 애쓰고, 조건을 따져 들어가도 나와 맞지 않으니 매일 고된 하루를 보냈다. 그때는 주말을 위해서만 살았고, 월요일이 오는 게 세상에서 제일 두려웠다. 현재는 나와 맞는 회사에서 일하고 있다. 가장 좋은 점은 월요병이 사라졌다는 것이다. 남들에게 보기 좋은 일은 관심을 끄고 오로지 내가 좋아하는 일을 추구하니 나에게 맞는 일을 찾을 수 있었다.

또 하나는 미움에 대한 관점이 변화했다는 것이다. 앞서 이야기한 나의 우울증 스토리에서 알 수 있듯 내가 우울증을 겪게 된 주요 원인은 '미움' 과 '비난' 이었다. 나는 비난을 받을 때마다 크게 상처받았을 뿐 아니라 받은 미움은 죄다 모아 짐처럼 쌓아 두며 품고 살았다. 지속적으로 부정적인 영향을 받도록 두었다는 말이다. 지금의 나는 사실 비난과 미움에 큰 상처를 받지 않는다. 나에 대한 비난은 나를 돌아보게 해주며, 나를 더 강하고 성숙하게 만들어 주기 때문이다. 이를 깨닫고 나서는 미움 받을 용기가 생겼는데, 이것은 큰 축복이라고 생각한다. 사소한 미움은 잠깐은 아프더라도 금방 훌훌 털어버리게 되고, 받는 사랑과 친절에 더욱 감사하는 마음을 가지게 되었으니 말이다. 이러한 관점의 변화는 삶의 태도에도 영향을 미쳤다. 과거의 나는 미움 받을까 봐 하고 싶은 말을 꾹꾹 눌러 담거나, 하고 싶은 일을 하지 못한 적이 정말 많았다. 사람들의 눈치를 보는 삶이 디폴트 값이었고, 어디서든 나를 드러내는 것이 무서웠다. 지금은 사소한 일로 나를 싫어하는 건 아닌지 종일 걱정하고, 인간관계에서 자연스럽게 일어나는 일에 일희일비하지 않게 되니 마음이 전보다 매우 가벼워졌다. 미움을 받을지라도 '내가 하고 싶은 것은 꼭 한다, 해야 하는 말은 꼭 한다'라는 마인드로 바뀌니 삶의 활기가 도는 것을 느낀다.

물론 나도 컨디션이 안 좋고 다운되는 날이 있지만, 이건 전 세계 어느 누구나 마찬가지일 것이다. 가끔 힘든 일이 생길지라도 그 순간을 잘 지나올 자신이 있기에 미리 두려워하지도 않는다. 예전에는 힘든 일이 생기면 우울감에 사로잡혀 나를 비련의 여주인공으로 여기고 세상을 원망했지만, 지금은 잠시 쉬어갈 때임을 알 뿐이다. 그리고 다시 기쁨이 찾아올 것도 알고 있다.

  이 모든 것의 비밀은 바로 '수용'에 있다. '수용'의 힘은 누구에게나 적용되고, 그 힘이 굉장히 크다는 것을 단언할 수 있다. 이 책을 읽는 누군가가 우울증, 무기력증을 앓고 있다면 2부 내용을 차근차근히 읽고 실천해 보았으면 한다. 나중에는 자신의 마음 상태가 정말 좋아졌다는 것을 발견하고 큰 기쁨이 찾아올 것이다.

2부.
우울증 극복, 수용의 7단계

1단계. 내 마음 상태를 받아들여라

지금부터는 우울증을 극복하는 방법을 7단계로 나누어 소개하고자 한다. 어떻게 하면 독자들이 헤매지 않고 빠르게 우울증을 극복하는 데 도움을 줄 수 있을지 고민하다가 내가 극복했던 과정을 돌이켜보며 단계적으로 대응 방법을 세분화하여 전달하는 것이 효과적일 거라는 결론을 내렸다. 나는 우울증이 차츰 회복되는 과정을 직접 겪으면서 각 단계별로 어떻게 대응하는지를 알면 더 빠른 효과를 볼 수 있다는 것을 깨달았다. 그 모든 단계를 관통하는 핵심 단어는 바로 '수용'이기에, 우울증을 극복하기 위한 수용의 7단계로 이름 붙이게 되었다. 왜 핵심 단어가 수용인지를 생각하면서 읽으면 더욱 내용 이해에 도움이 될 것이다. 그럼 이제, 첫 단계부터 소개하겠다.

변화의 시작 역시 내 마음 상태를 알고 '수용' 하는 것에 달려있다. 나 또한 내가 우울증 임을 확신했을 때부터 변화가 시작되었다. 이미 잿더미가 된 내 마음 상태를 부정한다고 해서 괜찮아질까? 대답은 'NO'라는 것은 경험해 본 우리들이 잘 알 것이다. 슬프고 우울한 감정이 느껴진다고 해서 친구를 만나거나 술을 마시는 등 회피를 하면 잠깐 기분이 좋아질 수는 있지만, 다시금 우울해졌던 경험이 많을 것이다. 이제 지긋지긋한 우울증에서 벗어나야 하니, 제대로 스타트를 끊어야 할 차례다. 그러니 우선 '나는 우울증이고, 괜찮지 않다' 라고 있는 그대로를 인정하고 시작하자.

우울증은 내가 나약해서, 잘못해서 걸린 것이 절대 아니다. 그저 상처받은 기억이 치료되지 않고 쌓여 마음이 알아달라고 신호를 보내는 것이다. 그러니까 지금 내가 우울하다고 해서 나쁘게 보지 말아야 한다. 성공한 사람들이 실패를 겪고 더 단단해져서 성공을 이뤄냈 듯이 마음도 똑같다. 더 나은 내가 되기 위해, 내 삶이 펼쳐지는 과정에서 찾아온 경험 중 하나일 뿐이다. 안 믿길지 몰라도 나는 우울증 경험을 정말로 소중하게 생각하고 있다. 나에게 우울증이 찾아오지 않았으면 이 정도로 삶에 만족하며 살지 못했을 것 같기 때문이다. 내 먼 과거를 돌이켜 생각해 보니 불평 가득한 삶을 살았을 것이 분명하다. 우울증에 걸리기 전의 삶보다 지금의 삶이 훨씬 행복하니 말 다한 것 아닌가.

실제로 내가 우울증이라는 것을 직시하고 병원에 용기 내서 들어가기까지는 일주일 정도 걸렸다. 몇 년간 우울증을 달고 살았으면서 내가 우울증인지조차 제대로 확신하지 못했다. 하지만 우울증이라는 걸 인정하고 나니 불평보다는 해결책이 떠오르기 시작했다. 그래서 내가 과연 좋아지려면 무엇을 먼저 할 수 있을까 고민하면서 우울증 관련 책을 구매하게 되었고, 책의 도움을 받아 병원까지 가는 데 일주일이 걸린 것이다. 애매하게 '아 나 우울증인가?' 하고 생각했을 때는 '병원에 가면 불이익이 생기진 않을까, 부모님에게 들켜 걱정을 끼치진 않을까' 하고 오만 걱정을 하며 시간을 흘려 보내곤 했다. 하지만 내 상태를 오롯이 받아들이고 나니 누가 어떻게 보든 먼 훗날 무슨 일이 생기든 간에 지금 당장 내가 살고 봐야겠다는 생각이 들었다. 내가 지금 죽을 것 같이 힘든데 다른 부차적인 요소를 걱정하는 게 무슨 소용이 있나 싶었다(실제로 아직까지 불이익 받은 적이 한 번도 없다). 결국 조금은 허무하게도 이 우울함에 완전히 벗어날 수 있을 거라는 생각을 하게 만들어 준 것은 내 상태를 '있는 그대로 받아 들이기'였다. 우울증 극복 과정의 시작 단계니 확실히 하고 들어가자. 시작이 반이라는 말은 질리도록 들었을 것일 테니, 내 아픈 마음 상태를 그대로 인정하고 새로운 나를 맞이할 준비를 해보자. 그 상태를 아는 것만으로도 분명히 나는 변화할 힘을 가지고 있는 것이다. 아래의 테스트를 해보고 우울증이라고 나온다면 쿨하게 우울증 임을 확신하라. 그러면 이제부터 어떻게 해야 좋아질지 본격적으로 고민해 볼 수 있을 것이다.

우울증테스트결과 합산 점수에 따라 우울증자가진단을 해볼 수 있다.

지난 2주일 동안 당신은 다음의 문제들로 인해서 얼마나 자주 방해를 받았습니까?		전혀 방해 받지 않았다	며칠 동안 방해 받았다	7일 이상 방해 받았다	거의 매일 방해 받았다
1	일 또는 여가 활동을 하는데 흥미나 즐거움을 느끼지 못함	0	1	2	3
2	기분이 가라앉거나 우울하거나 희망이 없음	0	1	2	3
3	잠이 들거나 계속 잠을 자는 것이 어려움, 또는 잠을 너무 많이 잠	0	1	2	3
4	피곤하다고 느끼거나 기운이 거의 없음	0	1	2	3
5	입맛이 없거나 과식을 함	0	1	2	3
6	자신을 부정적으로 봄 - 혹은 자신이 실패자라고 느끼거나 자신 또는 가족을 실망시킴	0	1	2	3
7	신문을 읽거나 텔레비전 보는 것과 같은 일에 집중하는 것이 어려움	0	1	2	3
8	다른 사람들이 주목할 정도로 너무 느리게 움직이거나 말을 함 또는 반대로 평상시보다 많이 움직여서, 너무 안절부절 못하거나 들떠 있음	0	1	2	3
9	자신이 죽는 것이 더 낫다고 생각하거나 어떤 식으로든 자신을 해칠 것이라고 생각함	0	1	2	3

정상 (총점 0~4점)	적응상의 지장을 초래할 만한 우울 관련 증상을 거의 보고하지 않았습니다.
경미한 수준 (총점 5~9점)	경미한 수준의 우울감이 있으나 일상생활에 지장을 줄 정도는 아닙니다.
중간 수준 (총점 10~14점)	중간 수준의 우울감을 비교적 자주 경험하는 것으로 보고하였습니다. 직업적, 사회적 적응에 일부 영향을 미칠 수 있어 주의 깊은 관찰과 관심이 필요합니다.
약간 심한 수준 (총점 15~19점)	약간 심한 수준의 우울감을 자주 경험하는 것으로 보고하였습니다. 직업적, 사회적 적응에 일부 영향을 미칠 경우. 정신건강 전문가의 도움을 받아 보시기를 권해 드립니다.
심한 수준 (총점 20~27점)	광범위한 우울 증상을 매우 자주, 심한 수준에서 경험하는 것으로 보고하였습니다. 일상생활의 다양한 영역에서 어려움이 초래될 경우 추가적인 평가나 정신건강 전문가의 도움을 받아 보시기를 권해 드립니다.

출처: Spitzer RL., Kroenke K., Williams JBW. Validation and utility of a self-report version of PRIME-MD: the PHQ primary care study. The Journal of the American Medical Association. 1999:282(18);1737-1744. (국립정신건강센터 국가트라우마센터)

2단계. 어떤 감정이든 수용하라

 이제 우울증이라는 것을 알았다면, 내가 우울한 감정을 자주 느낀다는 것은 확실할 것이다. 그 우울한 감정을 받아들이고, '내가 우울한 감정을 느끼고 있구나' 하고 알아차리는 노력을 해보자. 내가 올라오는 감정을 알아차리는 경우와 알아차리지 않는 것과는 대단히 큰 차이가 있다. 감정을 알아채지 못할 경우 자연스럽게 해당 감정에 깊이 빠져들게 되는데, 그렇게 되면 감정과 하나가 되어서 나는 우울한 사람 그 자체가 된다. 그럼 반대로 알아차리면? '지금' 우울한 감정을 느끼고 있는 사람이 된다. '지금' 우울한 감정을 느끼고 있다는 것에서 '과거' 의 나는 괜찮았다는 단서를 찾을 수 있을 것이다. 감정과 나를 분리하게 되면 우울한 감정을 겪는 중이기 때문에 이를 벗겨내면 본래의 나로 돌아갈 수 있다는 것도 알 수 있다. 우울함은 평소에 멀쩡한 사람도 충분히 느낄 수 있는 감정이다. 사람이 매일, 매 순간 행복 하기만 할 수는 없다. 그러니 우울한 감정을 느낀다는 것을 지극히 정상적인 현상으로 보고 감정과 나를 분리해보자. 부정적 감정과 하나가 되면 고통스럽지만, 감정을 분리하면 '아 우울해 죽을 것 같다.'가 아니라 '아 그렇군.'이 된다.

  이렇게 올라오는 기분을 알아채고 분리하는 것이 바로 '감정 수용' 방법이다. 그러나 내 감정을 수용하려고 노력하기 시작하면 처음에는 혼란이 올 수 있다. 나한테 이런 감정까지 있었나 하고 평소에 의식하지 못했던 수많은 감정들을 마주하게 되기 때문이다. 슬픔, 분노, 억울함, 답답함 등 너무 많은 감정을 받아들이려 하다 보면 왜 굳이 이렇게까지 해야하나 하고 지치고 짜증이 날지도 모른다. 하지만 이런 과정을 조금씩 늘려 나가다 보면 어느새 감정을 잘 조절하는 능력이 생기게 될 것이니 인내해야 한다. 그렇다고 억지로 모든 감정을 수용하라는 게 아니라 자기가 할 수 있는 한에서 하면 되니 무리할 필요는 없다. 주의할 점은 부정적 감정이 올라오는 것을 나쁘다고 판단하면 안 된다는 것이다. 감정이 올라오는 것 자체를 자연스러운 것으로 이해하고 받아들이면 오히려 괴로움이 덜어질 것이다. 이러한 과정 없이 자신의 감정을 회피하고 억누른다고 해서 좋아지기는 힘들다는 것을 잘 알 테니 해보는 것도 괜찮지 않은가. 우리는 우울증을 해결하고 싶으니 우울함만 알아차리는 노력만

해도 충분하다. 이처럼 특정 감정을 충분히 수용하다 보면, 예전에 올라올 때마다 나를 고통스럽게 만들었던 감정들이 더 이상 아프지 않고 무덤덤 해질 것이다. 아무렇지 않거나, 느끼는 고통의 크기가 줄게 된다.

실제로 나는 경미하지만 성범죄를 당한 적이 있었는데, 처음에는 그 일이 떠오를 때마다 너무 수치스러워 억누르고 회피하러고민 했다. 그러니 아무리 잊으려고 애를 써도 자꾸 떠오르기만 하고 수치심과 증오, 분노의 감정이 얽히고설켜 나를 끝없이 괴롭혔다. 하지만 감정은 수용해야 한다는 것을 알게 된 이후로는 수치심과 증오, 분노의 감정이 일어나는 것을 알아차리고 그 감정들이 떠오르는 것이 당연하다고 인정해 주었다. "아, 아니야 다른 생각 하자."에서 "아, 또 그 일이 생각나는구나. 지금 열 받는 거는 어쩔 수 없지." 이런 식으로 바꿔 생각했다. 그러다 보니 처음에는 너무나 수치스러워 아무에게도 말하지 못하고 혼자서 끙끙 앓다가 조금씩 괜찮아지면서 털어낼 용기가 생겼고, 제일 친한 친구에게 그 사실을 말한 적이 있었다. 친구에게 내 감정을 털어놓기만 했는데도 마음이 많이 편해져 정말 신기한 경험이었다. 친구에게 마음을 털어놓고 내 감정을 이해 받은 이후로는 역겨움, 수치심이 많이 줄어들면서 한결 좋아졌다. 억누르고 회피하는 것보다 인정하고 훌훌 털어버리는 게 정말 도움이 되는구나 깨닫게 된 경험이었다. 물론 곧 바로 완벽하게 좋아졌다고 할 순 없지만, 그 기점으로 급격하게 좋아져 지금은 아무렇지도 않을 정도가 되었다.

우리는 보통 긍정적인 생각만 하고 살라는 말을 많이 들어왔기 때문에, 긍정적 감정은 계속 붙잡고 있으려 하고 부정적 감정은 회피하려고만 한다. 하지만 부정적 감정이 떠오르는 것은 이 세상을 살아가는 누구나 겪는 자연스러운 일로 인지하고 있어야 한다. 그러니 우울한 감정이 든다고 해서 싫다고 회피하거나 빠져있지 말고, 올라오는 감정을 알아차리고 수용하는 노력을 해보자. 그러면 우울함이 찾아와도 오랫동안 깊이 빠져있지 않고 현명하게 대처할 수 있는 능력이 반드시 길러질 것이다.

여기서 조금만 더 나아가 보면, 감정을 포용하는 것도 좋다. 가족이나 친구에게 위로를 하듯이 '그렇구나. 그런 마음이 들 수도 있지. 그래도 된다. 괜찮다.' 이와 같이 자신의 부정적 감정도 존중하는 느낌으로 포용하다 보면 신기하게도 기분이 금방 풀리게 될 것이다. 이런 식으로 감정을 다루는 방법이 익혀지다 보면 사소한 일에 크게 화가 나지 않고, 그 빈도도 줄다 보니 평화로운 시간이 늘어나게 된다. 이 방법을 알기 전에 나는 사소한 일에도 불평불만이 많았고, 조금만 힘들고 슬픈 일이 생기면 '왜 나만 이렇게 힘든 걸까?' 하며 세상을 원망하고 스스로를 한탄하며 죽고 싶어 했다. 세상에 대해 강렬한 적대심을 가지다 보니 예민함이 극에 달했고, 집에서 커피만 흘려도 머리가 아프도록 화가 났다. 그렇게 부정적인 감정을 하루 종일 달고 사니 세상의 나쁜 점만 보이고, 그 나쁜 세상에 사는 게 참 버거워 삶을 포기하는 게 낫다고 생각했던 것이다. 지금은 감정 다루기가 능숙해졌다 보니 커피 흘리는 것쯤이야 닦으면 그만이고, 화가 나는 순간이 찾아오더라도 금방 빠져나오게 됐다. 지금은 세상에 좋은 점도 정말 많이 보여 기쁨을 느끼는 순간이 많아졌다. 이처럼 자신의 감정을 잘 다루게 되면 우울증 극복에도 큰 도움이 될 뿐만 아니라, 세상살이도 힘들어하기보다는 즐길 수 있을 것이다.

3단계. 복수에 집착하지 말고 상처를 포용하라

　이제 우울감 이라는 녀석이 살고 있는 곳을 찾아 근본적 원인을 치료할 차례다. 내가 깊은 우울증에 빠져있을 때 마음속에 굳건히 자리 잡고 있던 것이 있었는데, 바로 복수심이다. 나를 상처 준 사람들을 원망하며 하루빨리 그들보다 잘난 모습을 보여주고 싶어 했다. 그래서 나는 끊임없이 무언가를 해야 한다고 생각했고, 휴식을 마음 편하게 한 적이 없을 정도로 편할 날이 없었다. 그렇다고 이렇다 할 결과를 내지도 못하고 뭐 하나를 엄청 열심히 하지도 못했으니 죄책감과 허무함이 컸다. 친구들과 단순하게 노는 약속을 잡는 것도 불편해했다. 막상 약속을 거절한 날에 알찬 하루를 보내는 것도 아니면서 맘 편하게 나를 쉬게 두지 않고 채찍질해 왔다.

　그렇게 오랫동안 나를 채찍질했다고 해서 현실이 나아졌는가? 그것도 아니었다. 빨리 멋진 내가 되어서 복수를 해야 하는데, 이 시궁창 같은 현실에서 벗어나지 못하는 나를 보며 깊은 우울감에 더 빠지기만 했다. 우울증이 심하면 무기력증이 보통 동반되기 때문에 하루 종일 침대에 누워있게 되는데, 거기에 자책감이 더해지면 몸과 마음 모두 끝없이 약해진다. 현실을 바꾸고 싶은데 움직일 힘도 없으니, 더 깊은 자기혐오의 늪에 빠지게 되는 것이다.

 나는 복수를 위한 마음의 족쇄를 끊은 후부터 자유를 느끼기 시작했다. 그렇게 잘 보이려고 나답지 않은 것들을 억지로 하려고 하면서, 나를 더 고통스럽게 만들고 있었다는 것을 깨달았다. 나는 첫 직업으로 내가 진정으로 원하는 게 아닌, 남들에게 잘 보이면서 돈도 많이 번다는 IT 관련직을 선택했었다. 실력은 나쁘지 않아 상사에게 인정받으며 회사 생활을 했지만 나에게 맞지 않은 것을 하면서 살아야 하니 하루하루가 버겁고 좀비처럼 사는 느낌이었다. SNS에 '잘나고 멋진 나'를 꾸미며 업로드도 많이 해보았지만, 이내 창피함이 들어 기분이 더 나빠질 때도 많았다. 나를 상처 줬던 사람들이 보는지 안 보는지 종종 확인도 했다. 그러고는 SNS와 현실의 괴리가 있는 실제의 나를 보여주기가 무서워 친구들도 멀리하면서 나를 고립시키곤 했는데, 돌이켜 보면 당시에는 자존감이 정말 낮았음을 느낀다. 이후 나는 못나 보이기를 선택했다. 내가 실제로 못났다는 게 아니라,

지금 당장 이상적인 '나'가 아니어도 된다는 마인드로 꾸며진 모습을 점점 덜어냈다. 한 번에 새로 태어나기는 힘드니 조금씩 내려놓았다. 있는 그대로의 모습을 드러내 누군가를 실망시키더라도 괜찮았다. 미래에는 어떻게 될지 아무도 모르니까. 조급할 필요는 없다. 진정한 마음의 충만함은 외부에서 채워주는 게 아니라, 자기 내면의 중심이 바로 서야 채워진다. 내가 충만함을 느낀다면 누가 어떻게 보든 크게 상관이 없어진다.

복수심이 낳는 악순환을 끊는 방법 중 효과적인 것은 남을 위함이 아니라 '나'를 위한 것으로 주의를 돌리는 것이다. 내가 좋아하는 취미, 내가 좋아하는 꿈, 운동을 차근차근 해 보는 것이다. 핵심은 '남의 시선'을 거두는 것이다. 말로만 하면 쉽게 느껴질 수 있지만 책 읽기를 멈추고 곰곰이 생각해 보면 자신이 얼마나 남들의 기준에 맞춰 살고 있는지 알 수 있을 것이다. 처음엔 어려우니 단순하게 자신이 외부에서 결핍을 채우고 있음을 알아차리기만 해도 좋다. 알아차리고 자신의 모습을 꾸며내도 좋다. 차츰차츰 더 좋아질 테니 성급해 할 필요 없다는 이야기이다.

자, 그렇다면 남에게 받은 상처는 과연 어떻게 회복해야 할까? 상처 극복의 핵심 또한 '나'에게 집중하는 것이다. 나에게 상처 준 사람이 너무 미울 때는 그런 미운 마음이 드는 나를 이해하고 포용해야 한다. '그런 마음이 들 수 있지. 너무 힘들었겠다. 정말 고생 많았다.' 이렇게 스스로를 포용하려고 할 때마다 생각보다 큰 위로가 될 것이다. 나 또한 깊은 상처를 많이 받아왔기에 모든 상처를 완전히 극복했다고는 할 수 없지만, 정말 많이 좋아졌다. 누군가에 대한 미움이 심하게 올라올 때마다 그 상황에 있었던 나를 먼저 진심으로 위로하고, 누군가를 미워하는 내 마음을 받아주고 이해했다. 이를 반복하다 보면 그렇게나 원망스러웠던 사람이 이제는 별로 신경 쓰이지 않고, 심지어 이해하게 되고 안타까워진다. '그 사람도 아픔이 있었겠지'하고 말이다. 그렇게 내 마음을 돌보니 몇 년을 머리를 쥐어뜯고 싶을 정도로 미웠던 사람도 딱히 신경 쓰이지 않게 되었다. 이는 내 마음에 엄청난 여유 공간을 주게 되었다. 하루에도 몇 번씩 복수심과 미움으로 썼던 에너지가 생각보다 컸고, 우울감에 많은 영향을 주었기 때문이다. 그게 없으니 먹구름이 걷힌 것처럼 일상이 더욱 편안해질 수 있었다. 그게 나에게는 정말이지 큰 도약이었다.

독자들도 이런 말을 많이 들었을 것이다. '그 사람을 위해서 용서하는 것이 아니라, 네 자신을 위해 용서하라', '진정 강한 자 만이 용서할 수 있다'는 말. 예전에는 나도 이게 무슨 말도 안되는 소리인가 싶었지만, 지금은 이 말에 절대적으로 공감한다. 나를 죽도록 힘들게 한 사람을 용서하게 된 후로 마음의 평화가 찾아왔기 때문이다. 또한 그 사람을 용서하지 않고 미워하면 내 에너지만 소비된다. 그래서 나는 내 마음 영역 안에 두지 않게 하기 위해 용서하는 마음을 연습했고, 끝내 용서하게 되었다. 하지만 그 마음이 준비되지 않는 사람에게는 억지로 강요할 수 없는 말이라는 것을 안다. 용서할 수 있는 마음이 준비되어야 한다. 마음의 상처와 미움이 아직 큰데도 억지로 용서하는 것은 오히려 내 분노를 억누르는 것과 같이 찜찜함이 남을 것이다. 개인마다 적절한 시기가 있다. 그 시기는 상처가 회복된 후에 자연스럽게 올 것이다. 그래서 내 상처를 먼저 포용해야 한다는 것이다. 상처도 회복되지 않았는데 억지로 용서하려고 해봐도 어차피 잘 안될 것이니 무리하지 말고 지금부터는 상대방을 향한 내 분노와 상처를 모두 포용해 보자. 제3자가 되어 나 자신을 위로하고 안아주는 것처럼 말이다. 친한 친구 또는 엄마의 마음으로 '그때 정말 힘들었겠다. 그래도 이때까지 잘 버텨준 네가 정말 대단하고 자랑스러워.' 이런 식으로 말을 건네도 좋고, 어려우면 생각으로 그쳐도 좋다. 그 과정 중에 내 행동을 탓하고 자책하는 감정이 밀려올 때도 있을 텐데, 그럴 때도 어김없이 포용해야 한다. 그때 이런 행동을 할 수밖에 없었던 나를 책망하지 말고 이해해야 한다. '그때 그 상황에는 어쩔 수 없었어. 그게 내 최선이었어. 괜찮아.' 이런 식으로 반복해 주면 마음이 많이 편해질 것이다.

여기서 유의할 점은, 상황을 억지로 떠올려서 하는 것 보다 떠올랐을 때 해주는 것이 좋다. 내가 지금 당장 괜찮은 상태인데 억지로 상처받은 상황을 자꾸 떠올리면, 괜히 괴로워지고 지칠 수가 있기 때문이다. 너무 무겁게 생각하지 말고 상처가 떠올라 아플 때마다 위로해 주는 친구가 곁에 있다고 생각하고 시도해 보자.

4단계. 외부 상황이 변하기만을 기다리지 말고 용기를 내야 한다

많은 지인들이 나에게 이런 질문을 종종 한다. '어떻게 하면 그렇게 마음의 안정을 찾을 수 있는지?', '어떻게 해야 행복에 이를 수 있는지?' 말이다. 이 질문에 나는 오로지 주어진 상황에 만족하려고 노력한다고 대답한다. 그럼 대부분 '지금 당장 다니고 있는 직장이 힘들다' 처럼 현재 상황이 너무 힘들어서 만족할 수가 없다는 대답이 돌아오곤 한다. 그럼 나는 다시 힘이 드는 상황을 덜어내려고 해야 한다고 말하지만, 상대방은 그럴 수 없다고 한다. 이렇게만 끝내게 되면 마음의 안정은 먼 얘기가 된다. 대안은 두 가지이다. 자신이 힘든 상황에서도 만족스러운 점을 찾아보거나, 상황을 바꿔보거나.

첫 번째 대안은 상황을 절대로 바꿀 수 없을 때 사용하면 좋다. 당신도 피할 수 없으면 즐기라는 말 지겹도록 들었지 않은가. 지겹지만 인생의 지혜가 묻어나는 너무나 좋은 명언이다. 자신의 상황을 객관적으로 봤을 때 피할 수 없다면 받아들이고 장점을 찾아보는 시간을 가져보자. 예를 들어, '내가 예전에는 출근 시간이 2시간이 걸렸지만, 지금은 30분이니까 만족스럽다', '나는 경제적 능력이 생겼고, 그걸 버티고 있는 내가 대견스럽다.', '내가 직장을 다니니 먹고 싶은 음식을 먹을 수 있고, 좋아하는 사람들과 함께 카페도 갈 수 있다.' 이런 식으로 말이다. 일단은 내 마음을 받아주는 것이 먼저고, 그 다음에 장점을 찾아보자. 피할 수 없는 상황인데 불평 한들 어느 누구에게 이득이 있단 말 인가. 스티브 잡스도 말했지 않은가! 심플 이즈 베스트! 어떨 때는 단순한 게 답이 되기도 한다. 메모지를 켜고 쥐어짜내서라도 장점을 찾아보고 수시로 읽어 만족하려고 노력해 보면 좋을 것이다. 아니, 도대체 현재 상황이 시궁창인데 장점을 어떻게 찾느냐고? 분노와 짜증이 몰려온다면, 다음 장(5단계)을 참고하여 감정부터 해소해 보자.

내가 중심적으로 말하고자 하는 것은 두 번째 대안이다. 우선 내 마음을 괴롭히는 상황에 내가 가두고 있는 건 아닌지 점검해야 한다. 객관적으로 내 상황을 바라보고 판단해 보자. 변화하면 안 되는 이유 늘어놓기를 그만두고 새로운 무대를 찾아 나서는 용기가 필요하다. 불편한 상황을 개선해 보려고 했으나 해결이 안 된다면, 더 좋은 환경으로 갈 수 있는 기회를 찾아야 한다. 지금 상황에서 벗어나는 것이 아무리 두렵고 어렵더라도 환경을 변화시키려는 노력이 필요하다. 상황을 무조건적으로 회피 하라는 뜻이 아니다. 자신이 받아들일 수 있는 선에서 변하려는 용기가 필요하다는 말이다. 나를 심적으로 괴롭히는 사람과의 관계를 끊어내거나, 나에게 너무 안 맞지만 새로운 환경이 두렵다 거나 이런 경우는 충분히 용기 낼 만하다. 제3자의 사연이라고 생각하고 객관적으로 판단하면 답이 보일 것이다. 방법이 없어 보여도 찾으려고 노력하면 보일 것이니 천천히 찾아보자. 그 과정조차 너무 힘들다면 지금 상황의 감사한 점을 찾으면서 변화하려고 노력하기를 병행하는 방법이 도움 될 것이다.

나는 그렇게 열심히 공부해서 들어갔던 대학교도 큰맘 먹고 자퇴했다. 지금도 여전히 가끔은 잘한 거 맞나? 라는 의심이 들더라도 후회는 한 번도 하지 않았다. 안정적인 직장도 그만두었다. 그 직장을 다닐 때는 너무 힘들어 항상 내일이 오는 게 두려워 도저히 행복할 수가 없었다. 출근하면서 느끼는 괴로움, 일하면서도 엄청난 피로와 함께 어서 집에 가고 만 싶다는 생각, 퇴근하면서도 힘들어 죽겠는데 내일 또 출근해야 한다는 생각에 고통이 끊이질 않았다. 주말을 위해 사는 사람이었지만, 일요일에는 다음 날 출근해야 한다는 생각에 불안하고 우울했다. 심지어 토요일에는 일요일이 올까 봐 두려웠다. 극심한 스트레스 탓에 생전 처음 아토피가 생겼고, 손 전체에 퍼져 갈라지고 따가워 고생하기도 했다. 몸과 마음이 모두 괴로웠다. 처음에는 '내가 몸이 약한 탓인가? 아니 내가 의지가 약한가? 다른 사람들은 다 비슷하게 사는 것 같은데. 전에 학교 다녔을 때처럼 나를 미워하는 사람도 없고, 동료 간 사이도 좋은데 왜 학교 다녔을 때처럼 힘들고 괴로울까'라는 생각을 하곤 했다. 나는 괴로움의 원인을 나약하다고 내 탓을 하거나, 회사 탓을 하며 헛다리를 계속 짚고 있었다. 하지만 나중에 알게 된 정확한 원인은 상황을 바꾸려는 용기가 없었다는 것이다. 회사에서 인정해 주고, 잘 챙겨주고, 학업 비용도 지원해 주니 회사를 나가면 절대 안 된다고 생각하고 있었기 때문이다. 나의 가능성을 보고 합격시켜 주고 키워 준 회사를 그만둔다면 너무 이기적인 것 아닐까 하는 생각이 컸다. 그렇다고 내가 이 회사에 끝까지 남을 것인가? 그것도 절대 안 되는 말이다. 지금 당장 이렇게 괴로워 죽겠는데 미안하다고 내 행복을 회사에 반납하고 사는 건 객관적으로 따져봐도 말도 안 된다. 그렇게 나는 다른 회사를 알아보다 좋은 회사를 알게 되었고, 절실한 마음으로 지원서를 작성했다. 연차를 내 면접을 보았고, 결국 합격했다. 그런데 문제는 그 다음이었다. 회사에 어떻게 얘기를 꺼내야 하나? 나를 믿고 있을 상사분들에게 퇴사한다는 얘기를 꺼내기가 힘들었다. 회사 내 법규에 의하면 6개월 이내에 퇴사하면 학업 지원금도 반납해야 했다. 그 금액이 사회초년생인 나에게는 꽤나 큰 금액이었고, 나는 간신히 5개월을 버티고 있었다. 그렇다고 해서 고통스러운 상황에 나를 계속 내버려 둘 수는 없으니 언니에게 도움을 청했고, 언니가 돈을 빌려줘서 결국 그 문제는 해결할 수 있었다. 두려움의 연속이었지만, 오로지 내 행복을 위해 밀어붙였다. 그렇게 용기를 내고 나서 새로운 회사에서 적응을 잘해 월요병이 말끔히 사라지고 안정감이 생기게 되었다.

또 하나는 나에게 언어적인 폭력을 가하는 연인에게 이별을 선언했던 일이다. 이별을 말하면 어떻게 될까 무서웠지만 그래도 이별만이 '정답'이라는 사실을 알았기에 해야만 했다. 일생을 살면서 평범한 일반의 경우라면 거의 들어보기 힘든 오만 가지의 폭언과 욕설을 들었지만, 그 순간은 반드시 거쳤어야 하는 과정이었다. 그리고 지금 지나서 돌아

보니 살면서 그런 욕을 들어보는 경험이 얼마나 있겠나 싶다. 폭언한 상대방이 얼마나 마음이 아팠으면 그랬을까 싶고 안쓰러운 마음이 들기도 한다.

허나, 남의 영향력 아래에서 결정한 것이 아니라, 오로지 나를 위한 결정이었다면 후회할 것도 없다. 결과가 어떻든 나는 최선의 선택을 한 거다. 내가 우울증에서 벗어난 것도 용기 있는 결심 덕분이었다. 5년 동안 정신과 외원에 대한 편견에 갇혀 심각한 우울증임을 인정하지 않고 병원에 가지 않았는데, 어느 순간 편견이고 뭐고 당장 벗어나야겠다는 생각이 들어 주변인들의 시선 등 모든 것을 뒤로하고 병원에 갔다. 오랫동안 편견에 갇힌 나로서는 엄청난 용기였다. 병원에 갔다고 해서 바로 나은 건 아니지만, 그것이 극복 과정의 스타트를 끊어줬으니 결과적으로 내 행복에 분명 크게 기여한 셈이다.

이와 관련해서 지인의 두 가지 케이스를 소개하고자 한다. 나는 친구들의 이야기를 들어주고 상담하는 것을 좋아하는데, 정말 심각할 정도의 우울증을 앓고 있는 친구들 몇몇이 나에게 고민을 털어놓고는 했다. 두 명의 친구 모두 부모님께 들킬까 봐 두려워 병원에 가는 것을 꺼리고 있었다.

한 친구는 안되겠다며 끝내 병원에 가지 않았고, 해결하려는 의지도 노력도 보이지 않았다. 그 친구는 2년 뒤에도 동일한 모습이었는데, 죽고 싶다는 말만 되풀이하고 있어 너무나 안타까웠다. 또 다른 친구는 내 조언을 받아들이고 함께 병원에 가달라고 요청해 나는 친구와 함께 병원을 가주었다. 친구는 막상 가니 별일이 아니었다고 말하며 이후로도 꾸준히 치료받았다. 그 친구는 현재 우울증을 극복했으며, 우울증 경험이 있어서 그런지 굉장히 성숙한 사람이 되었다. 나 또한 우울증 약을 먹는다는 사실을 부모님께 들킬까 봐 처음에는 숨겼는데, 나중에는 내가 먼저 밝혔다. 나는 부모님께 우울증이 있어 병원에 다녔는데 약을 먹으면서 좋아졌고 앞으로도 계속 좋아질 것이라 말씀드렸다. 그러자 부모님께서는 걱정은 하시면서도 오히려 잘했다고 격려해주셨다.

여기서 독자들이 유의할 점은 앞서 언급한 부분이 우울증이 있으면 꼭 병원에 가라는 말을 하는 것이 아니라는 것이다. 다른 방법으로도 극복할 수 있기 때문이다. 여기서의 핵심은 '용기'다. 누구든지 상황을 반전시킬 수 있는 힘은 잠재되어 있다. 막상 문제에 정면으로 부딪치고 나면 별일이 아니었음을 깨달을 것이다. 그래서 나는 두려움은 아직 일어나지 않은 허상일 뿐이라는 말을 전적으로 믿고 있다. 내가 스스로 만들어 낸 망상에 얽매이지 말자. 다시 말해, 내 마음이 지어 낸 두려움에 속지 말자는 것이다. 외부 상황이 알아서 바뀌기 만을 기다리지 말고 스스로 용기를 내서 바꾸려고 노력해야 한다. 바꿀 용기가 없어서 나를 갉아먹는 상황에 머무르는 것은 나를 더 아프게 할 뿐이다. 변화가 유일한 답이라면, 지금 당장 용기를 내보자.

5단계. 감정을 표현하라

　우울증이 있든 없든 일상생활을 하다 보면 슬픔, 화, 우울과 같은 다양한 감정들을 마주하게 된다. 이건 나를 포함해서 누구나 겪는 당연한 일이다. 이렇게 당연하게 찾아오는 감정들을 어떻게 다루느냐 하는 것도 인생을 살아가는 것에 있어 굉장히 중요한 문제다. 앞서 언급한 단계를 꾸준히 실천해 좋아지는 것 같다가도 부정적 감정에 사로잡혀 버리면 제자리걸음이라며 자책하고 다시 우울함에 빠질 수가 있기 때문에 주의해야 한다. 나 또한 가끔씩 우울함과 무기력한 감정이 들 때가 있는데, 어떻게 대처하느냐에 따라 감정이 머무는 시간이 달라졌다. 부정적 감정이 찾아오더라도 잘 지나오면 문제 될 게 없다. 우리는 지극히 정상적인 '인간'이기에 극복하려고 열심히 노력해서 좋아졌다고 해도 익숙하게 함께해 왔던 우울함이 단 한순간에 없어지기는 힘들다. 그러니 열심히 노력했는데 왜 다시 우울하냐고 절망하지 말자. 그럴 때는 한 번만 되돌아보면, 정말 많은 변화가 일어났음을 깨달을 것이다. 나는 가끔씩 우울감이 찾아오는 순간에는 지난 과거를 돌이켜본다. 하루 종일 우울감에 사로잡혀 극단적인 생각을 매 순간 했던 나였다. 그러나 이제는 지금 찾아온 우울이라는 친구도 금방 지나 감을 알기에 우울한 감정도 기꺼이 받아들이게 된다. 나는 그래서 우울함이 찾아오면 회피하려 하지 않고 그 감정을 이해하고 받아들인다. 감정의 크기가 크면 며칠이 걸릴 때도 있지만, 해소되고 난 이후에는 활력과 큰 기쁨이 생기곤 했다.

그러나 아무리 수용해 주려고 해도 좀처럼 지나가지 않고, 나를 괴롭히는 경우에 가장 효과적이었던 대안은 감정을 있는 그대로 표현하는 것이었다. 화가 나면 화를 내도 되고, 울고 싶으면 우는 것이 가장 감정 해소에 효과적일 테지만 여건이 안 되거나 표현할 힘도 없을 때가 많을 것이다. 그럴 때 나는 지금 느끼는 감정을 가감 없이 솔직하게 적었다. 욕이 나오면 욕이 나오는 대로, 온전히 나만 볼 수 있는 공간에 솔직하게 다 표현했다. 노트에 적는 방법이 정석이나, 우울할 때는 누워만 있고 싶은데 언제 책상에 앉아서 노트를 펴고 글을 적을 수 있으랴. 그래서 나는 메모장을 켰다. 나만 볼 수 있는 메모장에 지금 드는 생각들을 모조리 적었다. 중요한 건 필터를 빼야 한다는 것이다. 떠오르는 감정을 모조리 적고 나면 신기하리만큼 치솟았던 감정이 가라앉는다. 누가 볼까 무섭다면 다 적고 나서 삭제 버튼만 누르면 된다.

예를 들면, 내가 어떤 사람에게 상처받아서 분노가 일어난다면 어떤 방식으로든 표현해 보는 것이다. '아 오늘 진짜 빡친다. 이런 상황이 너무 싫다. 왜 나한테 그런 말을 하냐' 등등 속에서 나오는 말을 솔직하고 시원하게 다 풀어내는 것이다. 혼자 산다면 말로 시원하게 내뱉어 보는 것도 좋다. 감정을 토해내고 나면 진정이 되는 순간이 올 것이다. 이런 식으로 감정을 억누르지 않고 해소해 준다면 부정적 감정이 찾아오는 것을 두려워하지 않게 된다. 반복 연습을 거쳐온 나는 우울한 감정이 올라오는 것이 두렵지도 않고, 찾아와도 지나갈 것을 알고 있으니 그냥 자연스럽게 받아들인다. 나는 부정적인 감정을 다룰 줄 모르고 억누르기에 익숙했던 지라 우울증을 7년간 지니고 있었던 것 같다. 이 방법을 알고 난 후부터는 내 감정에 솔직하게 되니, 나를 더 존중하게 되고 눈치 보는 일도 줄었다.

6단계. 판단을 내려놓고 모든 것을 수용하라

위 단계를 반복하다 보면 어느 샌가 막힘이 찾아올 수 있는데, 모든 단계가 6단계를 위한 연습 과정이라고 봐도 무방하다. 이제 그냥 모든 것을 받아들이면 된다. 감정 조절이 잘된다고 하더라도 객관적으로 생활이 불가능할 정도로 돈이 부족하거나, 피치 못할 사정이 생길 때는 감정 해소만으로는 평온함을 찾기 힘들 것이다. 그럴 때는 지금 내게 주어진 모든 상황을 그냥 있는 그대로 인정하는 것이 도움이 된다. 내 삶이 펼쳐지는 과정 중 일부분으로 받아들이고 흐름에 순응하는 것이다.

갑작스러운 실직, 사회적 관계의 단절, 준비했던 시험의 불합격 소식 등 모든 것은 내 판단으로 인해 괴로운 것이다. 갑작스러운 실직을 겪었다고 해도 더 좋은 기회가 올 수 있고, 관계가 단절되었다고 해도 이후 다시 회복되어 관계가 더 단단해질 수 있고, 더 좋은 인연이 찾아올지도 모르는 일이다. 시험의 불합격도 마찬가지다. 나도 세 번의 대입에 실패했지만 합격했다 해도 오히려 더 힘든 상황이 펼쳐졌을 지 모른다. 나는 그 경험으로 인해 학력에 대한 집착을 내려놓고 자유로움을 찾았고, 나에게 맞는 새로운 기회를 받아들였다. 어떤 상황에 대한 부정적인 판단이 나를 괴롭게 하는 것이다.

물론, 앞서 말한 것과 같은 상황을 부정적으로 판단하게 되는 것은 자연스러운 일이다. 우리가 살아가는 사회 속에서 듣고 자란 말들은 우리의 무의식에 이미 깊게 자리 하고 있기 때문이다. 나는 명문대에 가려고 그렇게 고통을 견뎌내며 공부했는데, 돌이켜보면 그 모든 것이 나의 진정한 행복을 위해서가 아니라 남들 눈에 잘 보이기 위해서였다. 아니, 남들 눈에 잘 보이면 행복할 것이라고 오해 했는지도 모른다. 애써서 간 대학을 자퇴할 수 있었던 것은 판단을 내려놓을 수 있었기 때문이다. 남들이 보는 시선을 아예 신경 끄는 것은 힘들지라도, 안 좋은 시선을 받을 수 있음을 미리 인정해 둔다면 무시당하는 상황이 오더라도 별로 당황스럽지 않다. 누가 어떻게 보든, 내 선택에 내가 확신을 두고 스스로를 응원해 주면 남들이 뭐라 하든 불편하지 않게 된다. 처음에는 부끄러운 마음도 많았지만, 지금은 그다지 중요하지 않다고 생각한다. 나는 이 과정을 나의 성장 과정 중 일부라고 생각하고, 내가 진정으로 배우고 싶은 학문이 생긴다면 언제든지 대학에 다시 가면 되므로 문제없다.

그러므로 단순하게 자신의 상황을 망했다고 좌절하거나, 회피하지말고 받아들이자. 그렇게 받아들이고 나면, 싫다고 스트레스 받는 데 시간과 에너지를 쏟았던 방향을 전환할 수 있다. 현재 상황 속에서 만족감과 평온함을 찾는 다거나, 더 좋은 방향으로 진환할 수 있는 생각을 하는 등 말이다.

버팔로는 물에 젖는 것을 매우 싫어한다고 한다. 그런데 버팔로 들은 오히려 폭풍우가 올 때 폭풍우가 오는 방향으로 이동한다. 이유가 뭘까? 처음에 버팔로 들은 폭풍우를 맞기 싫으니 반대 방향으로 계속 이동했다. 그러나 그렇게 되면 결국 조금씩 비에 젖게 되고, 폭풍우는 끝없이 다가오기만 하니 고생의 연속이다. 이 사실을 버팔로 들은 깨닫고 폭풍우를 뚫고 지나가기로 선택했고, 덕분에 가장 단시간에 문제를 지나올 수 있었다. 우리는 여기서 문제 상황을 '직면' 하는 것이 오히려 지혜로운 해답이 될 수 있다는 교훈을 찾을 수 있다.

그러니 이제부터는 '무엇이든, 어떤 상황이 오든지 괜찮다. 난 받아들인다.'라는 마인드를 장착해 보자. 두려운 상황을 매일 걱정하며 피하려고만 하는 것은 내 마음을 좀먹는 일이다. '반드시 ~해야 해.'라는 마음만 내려놓아도 마음은 빠르게 편안해질 것이다. '나는 반드시 시험에 합격해야 해, 나는 반드시 부자가 되어야 해.' 이런 말처럼 지금의 내가 아닌 상태만을 무조건적인 정답으로 여기는 것은 결국 나를 옥죌 수 있다. 시험에 떨어지면 어떻고 부자가 아니면 어떠한가? 나는 입시에서만 세 번 떨어지고 부자가 아니어도 현재를 즐기며 산다. '시험에 합격하고 부자가 되면 행복해지겠지.'라는 것은 내 추측일 뿐이다. 물론 그렇게 되면 좋을 수 있지만, 어떤 상황에 처해있든 내가 지금 행복하다면 힘들어하는 부자보다 훨씬 충만한 삶을 살아가고 있는 거 아니겠나.

힘들었던 경험은 삶이라는 토양을 비옥하게 만드는 좋은 비료가 된다. 나는 힘든 일을 많이 겪었지만 돌아보면 모두 필요한 일이었음을 깨달았다. 힘들었던 경험으로 많이 성숙해지고 현재에 감사하는 마음을 가지게 되었으니 말이다. 그 힘을 가졌으니 나는 앞으로 어떤 일을 겪는다고 해도 모든 상황을 받아들일 수가 있고, 미리 불안해하지 않으니 마음이 편하다. 그러니 당신도 지금 상황이 피할 수 없는 일이라면, 온전히 받아들이고 성장의 비료로 삼아보자.

 그러니 우울증이 와도 괜찮다. 반드시 극복할 수 있고, 그 경험을 통해 단단해질 수 있다. 국민 가수인 아이유는 22살 때 자기혐오가 굉장히 심해져 폭식증을 앓았고, 대중 앞에 서는 것도 무서울 정도로 슬럼프가 왔었다고 한다. 아이유는 자신을 받아들이면서 자기혐오를 극복했다고 한다. 부족하면 부족한 대로, 좋은 점은 좋은 점대로 있는 그대로 받아들이면서 나를 좋아하고 소중히 여기게 되었다고 말한다. 힘들어 하는 당신이 아이유의 성장 과정을 담아낸 이 영상을 꼭 봤으면 한다.

출처: 빛나는 나에게(유튜브 채널) https://www.youtube.com/watch?v=dVayYdtMsx0

"불안하면서 근사해 보이게 사느니,

초라 하더라도 마음 편하게 살겠다."

　내 삶을 만족하고 감사할 수 있는 이유는 우울증을 경험했기 때문이라고 단언한다. 우울증을 이겨낸 이후로는 내 감정을 잘 조절하고 좋게 승화해 내는 방법도 익히게 되었다. 마음 근육이 탄탄해 졌기 때문에 남들이 봤을 때 힘든 일도 나에겐 크게 힘든 일로 다가오지는 않는다. 모든 것은 내 삶의 비료가 되고 항상 나에게 최선의 방식으로 가고 있다는 것을 알고 있다. 그래서 힘든 일이 찾아온다고 하더라도 잠시 아파하고 금방 털어낼 수 있다. 예전이었으면 하루 종일 그 일을 붙잡고 우울의 늪에 빠졌을 텐데 말이다. 그러니 우울함에 빠져있는 자신을 미워하지 말고, 앞으로 얼마나 좋아질지 상상하고 행동하며 내 삶을 주도적으로 꾸려 나갔으면 한다.

7단계. 무한 수용, 그 다음은?

    그렇게 모든 것을 수용한다고 해서 끝은 아니다. 가장 중요한 단계는 바로 7단계다. 받아들이기를 잘못 사용하게 되면, 우울한 감정에 끝없이 빠질 위험이 있기 때문이다. 우리는 우울감과 무기력감에 오래 머물러있었기 때문에 지금 당장 행복하고 활기찬 상태로 변하기는 어렵다. 상처는 회복되고 있는 게 느껴지는데, 그러면 그 다음은? 잠은 전보다 잘 자는 것 같고, 전처럼 고통스럽지는 않은데 딱히 행복하지는 않고… 딱히 무언가 할 기력도 나지 않으니 내 천성이 게으른 가 싶었다. 하지만 그건 온전히 내 잘못된 관념이었다. 돌이켜보면 상처받기 전의 나는 친구들과 어울려 놀기 좋아했고, 어떤 일을 주도하는 것을 좋아했다. 팀을 이끌어 수상을 하는 등 좋은 성과를 많이 내기도 했다. 우울증을 그렇게 오랫동안 지니고 있었는데 에너지는 충분히 고갈될 만 하다. 그렇게 무기력한 나를 이해하는 것이 먼저고, 이제부터는 차근차근 에너지를 키울 차례다.

우리가 부정적이라고 판단하는 감정을 충분히 받아들였다고 생각이 되면, 이제는 극복하고 변화하겠다는 마음가짐을 굳건히 해야 한다. 하지만 다짐을 한다고 해서 한순간에 변하는 것은 아니므로, 마음을 강화하는 방법을 반복적으로 연습해야 한다. 그 방법은 바로 오랫동안 지녀 온 부정적 감정의 패턴을 알아차리는 것이다. 일상생활 중에 자연스럽게 떠오르는 생각들을 관찰해 보면, 내가 정말 많은 순간에 부정적 생각을 하며 고통에 빠지고 있다는 사실을 발견할 수 있다. 예컨대, 반복적으로 인스타그램을 들여다보며 다른 사람들과 나를 비교한다거나, 내 뜻대로 안 될 때 분노가 치밀어 오른 다거나, 아침에 일어날 때 아무것도 하기 싫어 온갖 짜증이 밀려온 다거나, 무언가 잘못되면 남 탓을 하며 불평만 한다거나 하는 일상적이고 정형화된 부정적 생각이 패턴이 있다. 그 패턴을 알아차리기만 해도 반은 성공이다. 생각을 전환하여 사고 패턴을 끊으면 되기 때문이다. 나는 우울증을 이겨내고 나서도 습관적 무기력과 저질 체력 때문에 꽤나 고생했다. 우울증을 극복하고 난 후 초반에는 하고 싶은 일과 해야 할 일이 많음에도 힘이 없어 누워있을 때가 많았다. 그렇게 무기력하게 지내다 어느 순간 '아 변화하고 싶다. 나도 무언가 에너지 넘치게 잘 해내고 싶다.'는 생각이 들었다. 무기력한 나를 충분히 겪었다 보니 자연스럽게 할 의지가 생긴 것이다. 그렇게 의지를 낸 후에도 바로 변하지는 못했는데, 이유는 반복적인 생각 패턴이 내 마음에 자리 잡고 있었기 때문이었다. 무언가 하려고 해도 '아 나는 체력이 없어서 못 해.'라는 생각이 반복적으로 들었다. 그래서 나는 이 생각이 들 때마다 알아차리고 '나는 원래 해냈던 사람이야. 체력은 기르면 돼.' 하며 생각을 전환해 주었다. 신기하게도 이를 반복했을 뿐인데 체력을 키우고자 하는 의지와 실행력이 급격하게 커졌다. 나는 우울증을 겪고 나서 한 번도 운동을 꾸준히 한 적이 없었다. 작심삼일은 물론이고 할 때마다 하기 싫다는 마음으로 임했다 보니 운동은 오로지 하기 싫은 것, 힘든 것일 뿐이었다. 그러나 생각을 전환하고 나서는 운동이 즐거워졌다. 이제 나에겐 운동은 체력을 올려주는 것, 기분이 좋아지는 것이 된 것이다. 그렇게 나는 억지스러운 변화가 아닌 자연스러운 변화 단계를 밟게 된 것이다.

명심해야 할 점은 무엇이 되었든 자신을 자책하며 괴롭히지 않아야 한다는 것이다. 스스로를 자책해 봤자 전혀 나아지는 것이 없을뿐더러 오히려 우울감에만 더 빠지게 되지 않는가. 참고로 나는 내가 해야 할 일을 구분할 때 지금 당장의 감정을 기준으로 판단하지 않고, 하고 나서의 감정을 기준으로 미리 계산을 해본다. 무언가를 하고 난 후가 기분이 좋을 것 같은지, 하지 않았을 때가 더 좋을 것 같은지 미리 상상해 보고 더 좋은 쪽으로 실행했다. 하기 싫은 감정과 해야 한다는 감정에 끌려 다니며 괴로워하기보다는, 미래의 감정을 계산해 보고 내린 선택을 믿어주는 것이 훨씬 덜 괴롭다. 그렇게 선택을 내리고 나면 행동하고 난 후에는 뿌듯하고 기분이 좋았고, 하지 않았을 때는 푹 쉬어서 에너지 충전했다고 생각하며 자책하지 않았다.

생각을 전환해 보자. 내가 부정적 관념을 키워 사로잡혀 살아봤으니, 긍정적 관념 또한 키워서 긍정적인 사람으로 살 수 있다. '나는 지금 행복하다.'가 되지 않는다면 '나는 지금부터 행복할 수 있는 사람이고, 행복으로 가고 있다.'는 마인드를 가져보자. 우리 모두에게는 '마음'이라는 이름의 도구가 평등하게 주어져 있다. 그 마음을 어떻게 다듬고 어떻게 사용하느냐에 따라 나를 해치게 하는 도구가 될 수 있고, 나를 더 빛나게 해주는 도구가 될 수도 있다. 마음을 내가 직접 다룰 수 있다는 것 자체가 얼마나 큰 축복인가. 그러니 이제부터는 내 마음의 주인으로 살아가 보자.

*tip

필자는 '무기력'이 오랫동안 지녀 온 '관념' 때문이라는 것을 깨닫고 난 뒤, 급진적인 변화가 일어났다. 아무것도 하기 싫을 때 자책하지 않고 '지금 피곤하지만, 나는 원래 해냈던 사람이다'라고 되뇌니 하기 싫은 마음에 끌려 다니지 않고 자동적으로 무언가 하게 되었다. 누워있을 때 일어날 힘이 도저히 없다면 손가락이라도 움직여 보자. 그리고 작은 행동을 하고 나면 과한 칭찬을 해주자. 나는 주변을 정리하는 것부터 시작했다. 기력이 없지만 할 일은 해야 할 때 가볍게 주변 정리부터 시작하니 어느 샌가 기력이 점점 붙어나 한 시간 운동을 하게 되고, 해야 할 일까지 끝내 기분이 좋아진 적이 정말 많았다. 우울증에 걸리게 되면 자신의 존재 가치가 없다고 생각하게 되는 게 태반인데, 이렇게 반복적으로 작은 성취감을 느껴주게 되면 자신의 가치도 함께 상승하는 기분을 느끼게 될 것이다.

번외. 남을 사랑하듯이 자신을 사랑하라

자신을 사랑하기 시작하면 모든 것이 변한다. 나도 지금 내 모든 것을 다 사랑하는 단계까지는 못 미쳤지만, 이것을 연습할 때마다 삶이 달라짐을 느낀다. 자신감을 채워나갈 때마다 삶의 의지가 생긴다.

자기 사랑의 시작은 '수용'이다. 나의 단점도 받아들일 줄 아는 것이 바로 진정한 수용이다. 단점을 부정적인 것으로, 회피하고 버려야 할 것으로만 치부하는 것이 아니라 나만의 '특성'으로 여길 줄 알아야 한다. 나는 수 많은 사건사고를 겪고, 하도 많은 비난을 들었던 지라 후천적으로 성격이 소심해 지고 내향적으로 바뀌었다. 처음에는 다른 사람의 눈치를 많이 보고 하고 싶은 말을 제대로 못 하는 내 자신이 너무 싫었다. 하지만 이런 점을 싫어한다고 해서 아무것도 변하지 않았다. 애써 부정해도 나의 열등감은 사라지지 않았다. 그래서 나는 관점을 바꿔 그냥 '있는 그대로'를 전부 받아들이기로 했다.

이후로는 내향적인 사람에 대한 장점이 보이기 시작했다. 내향적인 사람은 자신을 이해하는 능력이 뛰어나다. 자기 성찰 능력이 좋아 내가 무엇을 좋아하는지 탐색을 할 수 있고, 자기 내면의 목소리에 귀 기울일 줄 아는 사람이다. 남에게 의지하는 것보다 혼자 설 수 있는 힘이 강해 마음 근육도 키우기 좋다. 또 내향인에게는 자신만의 시간과 공간에서 나오는 몰입감으로 엄청난 결과물을 만들어 낼 수 있는 잠재력이 있다. 나는 내가 가진 내향성을 인정하고 장점을 찾아 일상생활에 잘 활용하고 있다.

자신을 사랑하게 되면 남이 예쁘든, 돈이 많든 시기와 질투의 시선이 아닌 '그냥 다 좋은' 시선으로 바라보게 된다. 한마디로 세상을 밝고 긍정적이며, 따듯하게 본다는 것. 그 사람은 그 사람만의 삶을 경험하는 것이고, 나는 내가 주어진 환경에서 잘 살아가고 있을 뿐이다. 누가 잘나고 못나고 따지는 게 의미가 있을까? 만약 외모로 인한 열등감이 들 때면 나는 세상에서 나만의 역할이 있고, 어떤 부분에서는 내가 1인자일 수 있음을 기억하고 내 장점을 발전시켜 보자. 외모에 대해 사람들이 중요성을 두고 있는 것은 맞지만, 그 프레임에 따라가기보다는 벗어나서 생각해 보는 것이 어떨까? 정말 외모가 다일까? 영화배우 뺨치게 예쁜 사람이나

모델보다 더 멋진 사람도 그 사람만의 고충이 있을 것이고, 저마다 해결해야 할 문제가 있었을 것이다. 오죽하면 '천석 가마 부자는 천 가지의 고민이 있고, 백석 가마 부자는 백 가지 고민이 있다' 는 속담도 있지 않는가.

따라서 비교하는 마음이 들 때면 '그렇구나. 저 사람은 저런 인생을 사는구나. 나는 나다!' 라고 생각하고 넘어가자. 나는 나만의 주어진 환경에서 살아가고 있는 멋진 사람이다. 그래서 우울증을 겪고 있는 사람들은 정말 대단한 사람이다. 그 힘든 우울증을 겪고 있음에도 살아가려고 밥을 먹고 극복하고자 하는 마음을 가지고 있다. 정말 대단하다고 생각한다. 극복하고 나서는 얼마나 멋진 사람이 되어있을지 기대하며 차근차근 나아가보자.

3부.
저자의 편지

저자의 편지

 나는 점점 더 나아지고 있음을 알기

 사실 당신이 이 책을 든 순간부터, 우울증에서 벗어나고자 마음먹은 순간부터 치유는 시작된 거예요. 내가 결심했다면 반드시 나아질 수 있어요. 저는 그 결심을 하고 나서 완전히 극복하기까지는 몇 년이 걸렸지만, 이 글을 읽는 사람들은 돌아가지 말고 빨리 우울증에서 벗어났으면 하는 마음에 이렇게 진심을 담은 편지를 써볼 거예요. 지금 힘든 상황에 처해있더라도 그 일은 반드시 나를 더 나은 사람으로 만들어 준다는 것을 아셔야 해요. 저도 마찬가지예요. 온갖 고통스러운 일들을 겪어봤기 때문에 지금 힘들어하는 사람들을 위로해 줄 수 있다는 것에 큰 의미와 가치를 두고 있어요. 그리고 제가 고통을 겪지 않고 평탄하게만 살았다면 사소한 것에 감사하고 만족을 느낄 만큼 철들지는 않았을 거라고 생각해요. 그래서 과거의 경험과 선택들을 절대 후회하지 않아요. 아픈 일을 겪어 온 내가 대견하고 자랑스럽기도 하고요. 힘든 순간이 오더라도 많은 일들을 극복한 나를 돌아보며 잘해왔으니, 앞으로도 잘해왔다고 되뇌면 갑자기 뭐든 할 수 있는 기분이 들기도 해요. 사실 가끔 외부적으로 어려운 상황이 올 때도 있지만, 고통을 지나온 능력을 지녔기에 저는 부정적 감정에 종일 빠져있지 않고 이 상황을 받아들이고 어떻게 해결할지에 집중해요. 그리고 이 어려움이 결과적으로 저를 더 큰 사람으로 만들어 준다는 것을 알고 있어요. 이렇게 삶을 살아가다 보니 더 이상 죽고 싶은 감정이 안 들어요.

당신에게 말해주고 싶어요. 지금 너무나 힘들 텐데 잘 버텨왔다고. 어둠 속에서 버티고 아파해 왔던 만큼 반드시 빛은 올 것이라고. 내가 이 어둠을 지나온 경험으로 누군가에게 손을 내밀어 줄 수 있다면 엄청나게 가치 있는 삶일 거예요. 고통을 겪고 있는 사람은 다 가치 있는 삶을 살고 있는 거예요. 제 아픈 경험이 이 책을 읽는 누군가에게도 도움이 된다면 내 고통은 가치 있는 일이라고 할 수 있는 것처럼요. 지금부터 선언하세요. '나는 오늘부터 점점 좋아질 것이다'라고요. 2부에서 제시한 방법들과 팁들을 하나씩 실천해 나가다 보면 반드시 좋아질 거예요. 매일매일을 창 밖을

멍하니 바라보며 극단적인 생각만 한 저도 이렇게 변했는데, 누구나 변화할 수 있어요.

 기적을 기대하세요

실망하는 순간도 가끔 오겠지만, 그래도 기대하며 살라고 말하고 싶어요. 제가 그렇게 기대하고 실망하는 과정을 반복하면서 여기까지 왔기 때문이에요. 기적을 기대하며 상황을 개선하려고 이것저것 시도해 보면서 실망도 많이 해봤지만, 기대하지 않았다면 여기까지 오지 못했을 거예요. 자신이 원하는 삶을 꿈꾸는 것은 지금의 나를 기쁘게 하고 설레게 만들어요. 그 설렘의 기운이 나를 움직이게 하고 결국에는 큰 힘이 될 거예요.

내가 지금 원하는 상황이 불가능해 보일지라도 기대하고 작은 행동이라도 하나씩 해보세요. 원하는 결과를 직접 보기에는 시간이 걸리더라도 사소한 변화는 점점 느낄 수 있을 거예요.

제가 이룬 기적 중 크게 세 가지만 꼽자면 이래요.

1) 내가 원하는 조건의 회사에서 근무 중이다.

2) 내가 살고 싶었던 곳, 공간에서 살고 있다.

3) 작가의 꿈(우울증 극복한 얘기로 사람들에게 도움을 주고자 한 꿈)을 이뤘다.

모두 제가 기대했고 행동했기 때문에 얻은 멋진 변화였고, 꿈을 달성하는 과정들은 제 삶이 원동력이 되어주었어요. 고난이 와서 나에게 아픔을 주더라도, 꿈을 꾸고 그곳을 향해 나아가는 삶을 산다면 다시 일어설 힘이 생겨요. 불가능할까 봐, 안 이루어질까 봐 두렵고 걱정되세요? 안 이뤄진다면 그게 나에게 맞는 길이기 때문에 안 이뤄지는 거라고 생각하고 마음을 편하게 먹어보세요. 또 반드시 안된다는 생각을 버리세요. 그거는 또 하나의 마음의 지옥을 만드는 것과 같아요. 저는 명문대에 불합격한 것이 정말 다행이라고 생각해요. 제가 만약 명문대를 최종 합격했다면 정말 행복 했을까요? 저는 아니라고 확신해요. 대학 간판만 보고 관심도 없는 학과에 지원했는데, 그 분야를 사랑하고 열정적으로 임하는 분들 사이에서 제가 살아남을 수 있었을까요? 아마 학비만 날려 빚만 늘었을 거예요. 자존감 하락은 덤이구요^^

저는 지금의 내 상황을 싫다고 벗어나려고 저를 채찍질하며 애쓰지 않기 때문에 지금 하는 일을 충실히 할 수 있게 됐어요. 자신의 진정한 꿈을 지금 그려보세요. 그리고 지금부터 그 길로 조금씩 나아가보세요. 삶의 활력이 생길 거예요. 이제 자신에게 힘이 생겼음을 느껴보세요.

 이팠던 과거는 이제 보내주세요

앞서 제가 공유했던 방법을 잘 실천했다면, 상처가 점점 아물고 있음을 느낄 수 있을 거예요. 그렇게 천천히 나아가다 보면 어느 샌가 우울증은 사라지고, 나를 믿고 내 삶도 신뢰할 수 있게 될 거예요. 사실 이 힘든 세상에서 안 죽고 살아있는 것만으로 대단하잖아요. 그 아픔을 가지고 꾸준히 살아냈으니, 앞으로도 살아갈 힘이 있다는 것은 자명 하죠. 그 힘을 알았다면 이제 새로운 사람으로 태어나세요. 아팠던 과거를 회피하라는 게 아니라 과거의 아픔이 더 이상 나를 속박하게 두지 마세요. 물론 아픈 기억이 문득 떠오를 수 있죠. 그래도 괜찮아요. 아픔을 인정하고 수용하는 일을 반복하다 보면, 마음의 힘이 세질 테니까요. 나중에는 끄떡 없어요. 그런 일이 있었든 없었든 지금 내 삶에 더 집중할 수 있을 거예요.

 자신을 약한 사람이라고 인식하지 말고, 크고 강한 사람으로 자꾸 생각해 보세요. 자신의 약한 부분, 상처와 같은 것에만 집중하다 보면 자신의 잠재력을 제대로 펼칠 수 없죠. 꼭 큰 영향력을 미치는 사람이 되라는 것은 아니에요. 자신의 삶을 인정하고 사랑할 수 있으면 돼요. 그러니 아픈 기억에 매몰되기보다는 앞으로의 삶을 살아가는 데 집중해 보세요.

 내가 원하는 삶을 살기

 혹시 지금 마음의 고통이 외부의 시선에서 오는 것이 아닌지 점검해 보는 시간을 가져보세요.

 한번 깊이 고민해 보세요. 내가 어떻게 하면 행복할 수 있을까요? 보통은 많은 돈이 있으면 행복할 것 같다고 대답할 거예요. 이 생각을 깊이 들여다보세요. 왜 돈이 많은 삶을 원할까요? 그럼, 돈이 많으면 좋은 이유가 여러 가지 생각이 나겠죠. 좋은 차 사고, 좋은 집 사고, 예쁘고 잘생겨질 수 있고, 남들 앞에서 당당할 수 있는 등 다양하게 떠오르죠?

혹시 방금 떠오른 그 답변이 진정으로 자신이 행복할 것 같아서 한 답변인가요? 만약에 남들 눈에 잘나 보인다고 치면, 진짜로 행복할까요? 남과 비교해서 우월감으로 행복을 느낀다면, 나보다 더 잘난 사람을 보면 또다시 비교되어 열등감이 들기도 할 거예요. 남들에게 잘 보이고 싶은 마음의 이면에는 남들에게 관심 받고 사랑받고 싶다는 마음이 있을 거예요. 단순히 '돈=행복' 이라 결론짓고 무작정 돈을 목표로 쫓아가지 말고, 내가 진정으로 어떤 삶을 살기를 원하고 어떤 삶에 가치를 느끼는 지를 생각해 보라는 거예요.

저는 여유롭게 나만의 시간을 보내는 삶을 지향해요. 책 읽고 싶을 때 책을 읽고, 햇살을 듬뿍 맞으며 커피 한잔하는 그런 여유 있는 삶이요. 저는 그 여유를 만끽하기 위해 돈을 벌고 싶다는 마음이 있어요. 그런데 제가 지향하는 삶은 무조건 돈이 많아야 하는 건 아니잖아요. 매일은 아니어도 책 읽고 싶을 때 책을 읽기도 하고, 커피 마시고 싶을 때 마시는 순간도 종종 있죠. 저는 지금 그런 여유로운 시간을 보낼 때마다 행복해요. 돈이 많지 않아도 지금 할 수 있는 거니까요. 여유 있는 삶을 원하는데 제가 하루 종일 돈만 벌러 다니면 그게 과연 행복한 삶일까요? 적어도 저한테는 불행일 거예요. 그러니 외부 조건만을 따지지 말고, 내면을 바라보고 내가 진짜로 행복할 수 있는 삶을 살려고 해보세요. 그 기준이 바로잡히면 돈을 버는 것도 맹목적으로 쫓는 게 아니라, 더 즐거운 과정이 될 수 있지 않을까요?

외부 시선에 신경 쓰는 게 무조건 잘못됐다는 건 아니에요. 우리 인간의 본능이기도 하고, 발전 동력이 되기도 하니까요. 하지만 내 인생은 내가 사는 건데 남이 아닌 내가 원하는 것에 초점을 맞추는 것이 더 행복에 보탬이 되겠죠. 처음부터 남의 시선을 완전히 거두기는 물론 힘들 거예요. 그래도 남을 의식하는 행동을 할 때마다 알아차리는 것만으로도 점점 외부로 향한 시선이 내부로 돌려질 거예요. 저도 아직 외부 시선 신경 쓰긴 하지만 많이 좋아졌어요. 예전에는 정말 심했거든요. 인스타 사진을 업로드하면 좋아요나 댓글 수에 신경 쓰고 팔로워 수도 신경 쓰고 그랬는데, 그럴 때마다 '아 맞다. 나 지금 또 외부 시선 신경 쓰고 있네.' 이런 식으로 가볍게 넘어가 주다 보니 나중에는 자연스럽게 별 신경도 안 쓰이게 되더라고요. 그래서 인스타에 쏟는 에너지가 줄어들고 내 삶에 더 집중하는 시간을 갖게 됐어요.

내 시선이 점점 내면으로 쏠리다 보니 그제야 제가 진정으로 원하는 삶을 찾게 됐어요. 이제 알게 됐으니 그 꿈을 실현하려고 노력 중이고, 그 과정을 좀 더 즐기게 된 것 같아요. 예전에 외부 시선을 의식해서 명문대 입시 준비했을 때랑 완전히 비교되지 않나요? 지금 제 관심 분야인 심리에 관한 공부를 할 때랑 예전 이랑 비교하면 훨씬 즐겁고 몰입이 잘돼요. 남들 시선을 의식해서 빨리 잘 될 필요도 없으니, 마음의 여유도 있고요. 이 글을 읽는 여러분도 진정으로 자신이 원하는 삶을 찾고 행복에 더 가까워 지길 기원합니다!

우울증에 대한 질문과 오해(Q&A)

Q. 우울증인지 그냥 우울한 기분이 드는 건지 어떻게 구분하나요?

A. 우울증은 일반적으로 찾아오는 우울한 기분보다 더 오래 지속되는 특징이 있어요. 가끔 우울함을 느끼는 것은 정상이지만, 몇 주 이상 슬픔, 절망 또는 공허함과 같은 감정이 지속된다면 우울증일 확률이 높아요. 또한 우울증은 피로감, 식욕 부진, 폭식이나 수면 패턴의 변화와 같은 신체적 증상을 동반해요. 무언가에 집중하기 힘들거나, 자신이 가치 없다고 여긴 다거나 즐겨왔던 활동에 대한 흥미가 상실되는 것도 우울증의 증상에 포함돼요.

즉 슬픔, 우울감은 일반적으로 드는 감정 이기도 하지만 우울증은 이러한 감정이 오래 지속되며, 신체적 증상이 함께 동반된다는 특징이 있어요. 2부에 첨부된 체크리스트를 활용해서 자가 진단을 해보는 것도 좋아요.

Q. 우울증은 혼자 이겨낼 수 없나요?

A. 물론 전문적인 도움이 있다면 해결하기 쉽겠죠. 그래도 혼자서도 가능해요. 저도 초반에는 전문가의 도움을 받았지만, 완전한 우울증 극복은 제힘으로 이뤄냈어요. 가장 중요한 건 자신의 의지에요. 내가 우울함에 빠져들려고만 하지 말고, 벗어나고자 마음먹기만 하면 일단 회복 과정의 스타트를 끊은 거예요. 지금 우울해도 괜찮아요. 이제 계속 좋아길 것을 믿고 알려준 것들을 실천해 보세요.

Q. 우울증 걸리는 사람들은 나약한 사람인가요?

A. 절대 아니에요. 멘탈이 강했던 사람도 걸릴 수 있는 것이 우울증 이에요. 주변 상황의 영향도 있고, 상처가 누적되다 보면 자신도 모르게 걸릴 수 있는 흔한 증상이죠. 우울증을 극복하고 나서는 웬만한 일에 멘탈이 흔들리지 않을 정도로 단단해지기도 해요. 본래의 나는 멘탈이 강한 사람일 거예요. 잠시 동안 가려진 자기 모습을 보고 약하다고 이름 붙이지 마세요.

Q. 세상만사가 귀찮고 버거워요. 이 세상에 태어난 것 자체가 고통 아닌가요?

A. 삶은 남이 대신 살아주지 못하고 내가 직접 사는 것이기 때문에, 내 관점이 보이는 세상의 전부 에요. 그런데 한번 곰곰이 생각해보세요. 모든 사람이 삶을 고통으로만 바라보고 좌절하고 있을까요? 지금 행복한 사람은 왜 이 험난한 세상에서 굳이 살아가야 할지를 고민하고 있지 않잖아요. 왜 살아야 하는지 모르겠다면, 자신만의 삶의 목적을 곰곰이 생각해 보세요. 찾았다면 그 목적을 실천해 보세요. 저는 누군가에게 힘이 되고 싶다는 삶의 목적이 있어요. 그걸 위해 이렇게 책을 쓰고 있고, 제 존재가치를 느껴요. 저도 예전엔 삶이 고통이라 생각했다가 이렇게 변했는데, 누구나 가능해요. 삶이 고통인 이유를 찾는 것보다 사소 하더라도 내가 세상에 기여하는 것(ex. 소비하기, 친구에게 위로해 주기)에 더 집중해 보세요.

Q. 좋아진 줄 알았는데, 다시 우울해져요.

A. 지극히 정상적인 현상 이에요. 저도 그렇게 반복하다가 마침내 우울증을 극복 했거든요. 그리고 행복한 일상을 보내

다가도 가끔 힘들 때가 있어요. 그런데 그걸 자연스러운 걸로 받아들이고 '아, 내가 지금은 우울한 마음이 드는구나.' 하면서 내가 이런 감정이 드는 것을 이해해 주고 해소해 주면 다시 금방 좋아지더라고요. 감정에는 죄가 없다는 사실을 꼭 기억하시기 바랍니다.

Q. 우울함을 느껴주다 계속 우울함에 빠지면요?

우울감 해소가 잘될 때가 있지만 잘 안될 때도 있을 거예요. 그럴 때는 기분전환 하는 것도 필요해요. 내 마음을 수용할 수 있는 여유가 넘친다면 좋겠지만, 해야 할 일이 있다면 우선 끝내야 하잖아요. 그럴 때는 시간을 정해두고 충분히 우울함을 받아주면 돼요. 내가 정해둔 시간 까지만 푹 쉬어 주겠다! 하고 그 시간까지 우울해 하든, 자든 하는 거예요. 그리고 그 이후부터는 다시 해야 할 일을 하는 거죠.

또 크게 심호흡 하기, 신나는 음악 듣기, 힐링 영화 보기, 단순한 운동(스트레칭), 감사하기, 명상 등 빠르게 우울감을 감소시켜 주는 활동이 있어요. 저는 능숙해 져서 그런지 주로 명상을 하면 금방 좋아지더라고요. 개인마다 잘 맞는 활동이 있을 테니 이것저것 해보면서 찾아보세요. 그 시간을 자극적이고 부정적인 콘텐츠를 보는 것에 쏟는 것은 안 좋다는 거 아시죠? 그리고 우울함에 계속 빠져들어도 불안해하지 말고 '그래도 괜찮다. 좋아지고 있는 과정이다.'는 마인드를 가져보는 것도 도움이 될 거예요. 조금 찝찝하더라도 시간이 더 많을 때 해소해 주면 되니까 편하게 생각하세요.

Q. 긍정적인 생각만 하면 우울증이 없어질까요?

A. 긍정적인 생각이 도움이 될 수는 있지만, 긍정적인 생각만 해야 하는 건 아니에요. 그리고 우울증에 걸렸는데 긍정적인 생각만 하기가 어디 쉬운가요. 부정적인 생각이 드는 것은 인간에게 자연스러운 거래요. 잠재적인 위험을 인지하고 예방할 수 있는 데 도움을 주기도 하죠. 그러니 부정적 생각이 올라오는 것을 나쁘다고 억누르려 하지 말고 이런 생각이 드는 건 자연스러운 것이라고 생각해 보세요. 그런 마음을 이해한 후에 긍정적인 생각을 심어보려고 노력해 보는 건 도움이 돼요.

Q. 항우울제가 최고의 치료 방법인가요?

A. 항우울제가 우울증 치료에 효과적일 수는 있지만, 최고의 방법이라고 단정할 수는 없어요. 개인에 따라 다르니까요. 상담 치료를 받거나, 책에 나온 방법을 실천해 본다던가, 또 생활 습관을 개선하거나 취미활동에 몰입하는 등 각자에게 맞는 최선의 치료 방법이 있을 거예요. 빠른 치료를 간절히 원한다면 제가 알려드린 우울증 극복 방법과 항우울제를 복용하는 방법을 병행하는 것도 좋겠죠.

우울증, 그 밖의 팁들

1. 명상

명상은 혼란스러운 마음을 비우고, 그 안에서 긍정적인 마음을 키울 수 있는 힘을 길러줘요. 일상에서 치이고 혼란스러운 마음 상태에서 명상을 하면 머리가 맑아지고 에너지가 생겨요. 과학적으로도 두려움, 스트레스 완화, 우울증 완화, 학습 능력 향상, 행복감, 직관력 발달 등 다양한 효과가 있다고 밝혀졌어요. 제가 정말 많이 마음의 힘을 기르는 데 도움 받았어요.

2. 감사 메모

사소한 것이라도 감사한 일을 메모해 보세요. 떠오르면 그 즉시 메모하는 거에요. 예를 들어, '맛있는 음식을 먹을 수 있어 감사하다' 이런 식으로요. 우리가 빈곤한 나라에 빈곤한 사람으로 태어났다면 누리기 힘든 일이죠. 일일이 메모하기 귀찮을 수 있으니, 핸드폰 에라도 메모해 보세요. 사소하게 느껴졌던 것도 직접 적으면서 진심으로 감사함을 느끼면 기분이 좋아질 거예요. 긍정의 에너지가 채워지니 한번 해 보세요!

3. 삶의 의미 찾기

 살기 힘든 이유는 수만 가지가 떠오르겠지만, 살아야 하는 이유를 생각해본 적은 잘 없지 않나요? 살아야 하는 이유를 찾아 보세요. 그리고 죽고 싶은 마음이 올라올 때마다 다시 떠올려 보세요. 힘든 사람을 돕기 위해서, 사랑하는 사람 곁에 남기 위해서, 사랑하는 사람을 계속 내 눈에 담아두기 위해시, 가족을 지거주고 행복하게 해주기 위해서 등 떠오르는 것들이 있을 거예요. 저로 예를 들자면 제가 우울증을 겪었을 때는 하루 종일 지옥 속에 빠져 있는 느낌이었는데 우울증에 벗어나고 나니 '평온함'이라는 감정을 느낄 수 있다는 게 얼마나 새롭고 좋은지, '아 일반 사람들은 이런 좋은 세상을 살았구나'라는 생각이 들더라고요. 그래서 사랑하는 사람들을 포함해서 많은 사람들이 그런 괜찮은 세상을 살아가도록 돕는 것이 제 삶의 의미에요. 여러분도 그 누구도 대신 해줄 수 없는 나만이 할 수 있는 것들을 한번 생각해보세요. 생각이 잘 안 난다고요? 사소한 거라도 괜찮아요. 세상의 맛있는 음식을 먹기 위해서, 재미있는 영화들을 빠짐없이 보기 위해서 등 내가 즐거움을 느꼈던 순간들을 떠올려보는 것도 좋아요. 삶의 의미를 찾는다면 자신이 고통스러운 상황에 있더라도 버티고 이겨낼 수 있게 만들어주는 든든한 지원군이 될 거예요. 드라마나 영화를 떠올려 보면 주인공이 역경을 극복하고 마침내 해피엔딩을 이루는 스토리에 사람들이 열광 하잖아요. 처음부터 즐겁고 행복한 일만 일어난다면 지루해서 보지 않죠. 그 주인공에게는 시련이 무의미하지 않듯이, 내게 닥친 시련을 이겨내면 내 가치가 더 빛나게 되겠죠. 자신이 쓸모 없다는 생각을 거두고, 가치 있는 사람, 그것도 아니라면 잠재력이 있는 사람으로 여겨야 해요.

4. 부정적 영향 줄이기

여러분들은 옆에 있는 사람이 화를 내면 불편한 적이 있지 않나요? 친구가 울 때는 함께 슬퍼지지 않나요? 부정적인 영상을 보고 왠지 모르게 기분이 찜찜한 적이 있지 않나요? 이처럼 우리는 외부 자극에 영향을 받으며 살고 있기 때문에 일상에 부정적인 영향을 미치는 것들이 없는지 한번 되짚어 보는 것이 좋아요. 그 중에서도 특히 우리가 주의 깊게 살펴봐야 하는 것은 우리의 일상을 늘 함께하는 핸드폰이에요. 혹시나 스마트폰으로 부정적인 콘텐츠를 수시로 보고있는 건 아닌지 점검해 보세요. 누군가를 비난하고 힐뜯는 글이나 영상, 잔인하거나 파괴적인 영상(영화, 드라마 등)

을 너무 자주 본다면 우리의 정신도 영향을 받게 되어있어요. 부정적인 콘텐츠를 접하게 되면, 뇌의 노르에피네프린과 코르티졸(스트레스 호르몬) 분비가 증가하고, 세로토닌과 도파민의 분비가 감소할 수 있어요. 이러한 신경 전달물질의 불균형은 우리의 감정과 정서에 영향을 미치며, 우울감, 불안, 스트레스 등 부정적인 정서를 유발할 수 있어요. 또한 우리의 뇌는 강한 자극에 더 많은 관심을 기울이기 때문에 끊임없이 더 자극적인 영상을 찾게 되면서 악순환을 일으키기도 해요. 이 밖에도 왠지 모르게 우울감을 느끼게 만드는 행동, 습관이 있다면 줄이거나 끊어보려고 노력해 보세요. 더 나아가 좋은 영상이나 콘텐츠를 접하면서 정신을 맑게 하는 것도 좋고요.

무기력증, 나부터 이해하라

 무기력은 오랜 기간 우울증을 앓았던 사람들에게 흔하게 나타나는 증상이죠. 무기력증 때문에 우울함이 커지기도 하고요. 내가 우울함에 빠져 아무것도 하지 않고 있는 상태를 생각해 보세요. 솔직히 말해서 자신을 한심하다고 생각한 적 있지 않나요? 매일 누워서 핸드폰만 쳐다보며 밤을 지새우고 늦게 일어나는 자신을 보면서 한심하다고 생각하고, 부지런한 사람을 보면서 멋지다며 나도 저렇게 되고 싶다고 부러워하지 않았나요? 그렇다면 우선 자신에 대한 이해가 필요해요.

 생각해 보세요. 내가 하는 일마다 전부 다 잘되어 왔고 무언가 할 때마다 칭찬받고 사랑받았다면 아무것도 하기 싫어서 하루 종일 드러누워 있고 싶을까요? 우리가 커가면서 쌓아 온 좌절, 미움, 실패 등이 누적되다 보니 '아, 나는 무언가를 하려고 해도 잘 안되는구나.'라는 마음을 가지게 만들었을 수 있어요. 그런 마음이 해소 되지도 않고 계속 쌓인다면, 없었던 힘이 쉽게 솟아나기는 힘들겠죠. 저도 참 많이 반복했어요. 우울증이 괜찮아졌을 때도 무기력증은 도저히 해결이 안 됐어요. 하고 싶은 거 죽어라 참아가면서 목표를 향해 달렸는데, 그만큼 성취감은 맛본 적이 없었다 보니 아무것도 하기 싫은 마음이 무의식에 자리 잡혀 있었어요. 거기다 무기력하게 아무것도 안 하는 것이 좋은 거라고는 할 수 없다 보니 딜레마에 빠졌었어요. 내가 지금 경제적 문제를 해결하고 목표를 이루려면 무언가를 해야 한다는 건 아는데, 그냥 다 하기 싫고 누워만 있고 싶어서 괴로운 상황처럼 말이지요. 마음은 조급 한데 몸이 좀처럼 따라주지 않을 때 정말 괴롭거든요. 얼마나 자기 자신을 한심하게 여기고 자책 하겠어요. 하지만 이런 패턴을 반복하게 되면 자신을 더 갉아먹고 우울함에 빠지게 하더라고요.

여러분들도 나름 해결해 보겠다고 유튜브, 책 다 뒤져봤잖아요. 그런데 그런 실천 방법들이 도움은 되겠지만 무기력함이 근본적으로 해결 되던가요? 저는 아니었어요. 오랫동안 무기력하게 살아왔던 터라 쉽게 해결되지는 않았어요. 아래는 제가 무기력증을 극복한 tip이에요. 어차피 독하게 마음먹고 무언가를 열심히 하고 나면 기력이 소진되어서 오랜 시간 드러눕게 되잖아요. 그렇게 악순환이 반복될 바에는 일단 무언가 해보는 게 좋지 않을까요?

무기력증 극복 tip

1. 마음을 편히 내려놓고 쉬기

무기력증은 보통 내가 못나서 생기는 것이 아니라 많은 난관에 부딪히면서 몸과 마음이 지쳐 생긴 증상이기 때문에 걱정 없는 온전한 휴식이 필요해요. 몸은 가만히 있더라도 마음이 복잡한 상태로 스트레스를 받고 있으면 진정한 휴식이라고 할 수 없죠. 걱정스러운 마음을 내려놓기란 처음에는 쉽지 않겠지만 짧은 시간이라도 죄책감 없이, 걱정 없이 편하게 쉬는 연습을 해보세요. 쉬어도 돼요. 고통 속에서 애써서 살아왔으니 쉴 자격은 충분해요. 쉬고 나서는 잘했다고 해주세요.

2. 작고 사소한 행동부터 시작하기

1) 가벼운 운동

가벼운 운동은 에너지와 성취감을 높여 기분 전환에 크게 기여해요. 몸과 마음은 연결되어 있으니, 몸을 통해 내 정신적 힘까지 끌어올려 보세요. 실제로 운동할 때 엔도르핀이 분비되면서 긍정적 기분을 유지하는 데 도움이 될 뿐만 아니라 에너지(기력)가 상승해요.

2) 규칙적인 수면 패턴 만들기

수면은 우리의 몸과 마음에 균형을 맞추는 역할을 해요. 규칙적인 수면 패턴을 가지면 생체 리듬이 안정화되어 스트레스를 잘 처리할 수 있게 되죠. 또 규칙적인 수면은 에너지와 집중력을 높여주어 생활의 질을 향상시켜요.

3) 물 자주 마시기

탈수는 피로를 유발해요. 물 많이 마시는 것을 목표를 세운다면, 물을 많이 마시는 사소한 행동으로 성취감도 얻을 수 있고 몸의 컨디션을 함께 높여주죠. 체내 물 분자를 충분히 공급하게 되면 체내의 폐쇄 물질을 배출하여 혈류를 원활하게 유지할 수 있기 때문에 피로감 완화에 도움이 된다고 해요.

4) 청소하기

청소는 내 눈에 띄는 결과가 바로 나오기 때문에 성취감을 쉽게 느낄 수 있을 뿐 아니라, 작은 운동의 효과로 엔도르핀을 방출 시켜주기도 해요. 더러운 환경에서 주는 스트레스를 편안하고 안정된 분위기로 환기할 수 있기도 하죠. 그렇다고 무리하게 청소하는 것은 힘들 수 있으니, 무리하지 않는 선에서 티가 날 정도로만 하는 것도 좋은 방법이에요.

3. 취미 만들기

취미 활동은 일상이 지루하다고 느껴질 때쯤 내 활력을 되찾아 주는 소중한 활동 이에요. 취미 활동이 스트레스를 해소시키고 신체적, 정신적 건강을 향상 시킨다는 것은 잘 알고 있을 거예요. 그렇다면, 내가 취미 활동을 어떻게 바라보고 활용하고 있는지 점검하는 것이 중요해요. 취미 활동을 나중으로 미루지 말고 주기적으로 하려는 의지를 내보는 것이 어떨까요? 과거의 저는 취미 활동을 시간 낭비, 에너지 낭비로 여겼는데 그렇다고 하루하루를 알차게 보내지도 못했어요. 오히려 부정적 생각에 먹이를 주는 것에 시간을 더 쏟았죠. 취미를 즐기면 즐길수록 내 인생의 활기를 북돋아 주는 고마운 활동이라고 인식하게 된 후에야 비로소 취미 활동하는 순간도, 끝내고 나서도 모두 만족할 수 있었어요.

*취미 활동을 시간 낭비라고 생각하지 않고, 내 인생을 충만하게 만들어 주는 소중한 도구로 여기는 것이 중요하다.

4. 과한 칭찬하기

 좌절의 순간을 반복적으로 겪다 보면 사람이 위축되고 무언가 다시 도전할 용기를 점점 잃어가게 돼요. 이러한 원인으로 무기력증을 겪는 사람에게 칭찬은 효과적인 치료 방안이 될 수 있어요. 앞서 언급한 사소한 활동이라도 끝내고 난 후 '와 전에는 잘 하지 않았던 것들인데 지금은 했네. 나 진짜 대단하다.', '와 내가 이걸 했다고? 이제 뭐든 다 잘할 수 있을 것 같다.'와 같이 과하게 칭찬하는 방식으로 내가 듣고 싶은 말, 만족할 말을 만들어서 하면 돼요. 나는 정말 대단한 사람이라고 계속 칭찬하다 보면 잃어버렸던 자신감과 자존감을 점차 되찾게 될 거예요. 객관적으로 따지고 보면 과하게 보일지라도 우리의 마음 건강을 돌보는 것은 결국 남이 아닌 내가 하는 거잖아요. 감춰뒀던 내면의 긍정성을 최대한 끌어내 보세요. 이것도 그냥 읽고 지나치면 아무 도움도 되지 않을 테니, 지금 당장 노트 하나를 꺼내 잘한 일 한가지라도 적어보세요. 생각이 안난다면 주변 사람에게 나의 장점이 뭔지 물어보세요. 그리고 노트에 적고 나의 장점을 명확하게 인식하고 인정해주는 연습도 해보세요.

 *칭찬은 자신감을 높이고 긍정적인 자아를 만드는 강력한 도구가 될 수 있다. 자신의 노력과 장점을 인식하고 인정해줄 때, 더 큰 자신감과 동기를 가지고 목표를 이뤄낼 가능성이 커진다.

에필로그. 행복한 삶에 대한 편견

보통 '행복한 삶'이라고 하면 하루 종일 긍정적 감정을 가지고 고통스러운 일을 겪지 않는 삶이라고 오해를 하는 사람들이 많다. 그러나 행복한 삶이라는 것은 자신이 어떤 상황에 처해 있던 현재 상황에 만족하고 기분이 좋을 때는 기쁨을 마음껏 만끽하고, 슬플 때는 충분히 슬퍼하고 담담하게 털어낼 수 있는 삶이라고 생각한다.

니는 대학교도 중퇴하고 수입도 평범하지만 현재의 삶에 만족한다. 관점의 변화가 정말 크다고 느낀 건 내가 우울증을 앓았을 때는 모든 것이 부족하다고 생각했다는 것이다. 그간 내 가치를 온통 외부의 조건으로 판단했다. '나는 명문대에 가야 해', '나는 남보다 예뻐야 해', '나는 옷을 잘 입어야 해' 등. 타인에게 완벽한 사람으로 보이고 싶었던 나는 예전의 비참했던 내가 아닌 멋진 내가 되어 복수하겠다는 마음 하나로 살아왔다. 이런 좋지 못한 마음가짐 때문에 고등학교 친구들을 계속 만나지 못했다. 항상 내가 명문대 합격하고 나면 만나야지, 살을 더 빼고 만나야지, 이렇게 다음으로 미루기만 하니 좋아했던 친구들과도 멀어지기만 했다. 요즘은 상처를 극복했기에 꾸준히 연락을 해준 친구들과 만나는데, 내가 어떻게 보이든 중요하지 않다는 생각이 든다. 그저 그 친구와 좋은 시간을 만들어 나가는 데 집중할 뿐이다. 그 순간을 즐길 수 있는 것이 바로 행복이다.

나는 사람들이 행복을 어렵다고 느끼지 말고, 지금 당장 내가 행복하다고 생각해 봤으면 좋겠다. 과거와 미래의 스위치는 잠깐 꺼두고, 지금 이 순간이 행복하다고 느껴보는 것이다. 그게 어렵다면 좋아하는 노래를 틀고 예쁜 하늘 사진을 바라보면서, 잠시라도 좋으니 행복을 느껴보자. 그런 찰나의 감정이라도 반복적으로 느끼려고 하다 보면 어느 샌가 '나는 행복한 사람'이라는, 지구상 최대의 비밀을 발견하게 될 것이다.

아무쪼록 이 글을 읽는 모든 분들이 우울하다고 해서 행복을 느낄 수 없다는 편견을 지금 당장 집어치웠으면 한다. 지금 이 순간 행복하면, 그냥 난 행복한 사람인 것이다!

우울할 때 나는 내가 아니야
반쯤 포기했던 나를 되찾은, 스물 다섯의 우울증 극복법

발행일 | 2023년 11월 13일

지은이 | 유소원
펴낸이 | 마형민
편　집 | 신건희
펴낸곳 | (주)페스트북
주　소 | 경기도 안양시 안양판교로 20
홈페이지 | festbook.co.kr

ⓒ 유소원 2023

저작권법에 의해 보호를 받는 저작물이므로 무단 전재와 무단 복제를 금합니다.
ISBN 979-11-6929-406-5 03810
값 10,800원

* (주)페스트북은 '작가중심주의'를 고수합니다. 누구나 인생의 새로운 챕터를 쓰도록 돕습니다. Creative@festbook.co.kr로 자신만의 목소리를 보내주세요.